좋은 품성은
성공의 동력이다

성공(成功)한 '성씨' 집안의 공통점이란 게 있다. '매사를 성심성의(誠心誠意)껏 처리하고, 무조건 성실(誠實)하게 노력한다. 가능하면 일을 성사(成事)시키려고 노력하지만 성패(成敗)에 연연하지 않는다. 매사를 성황(盛況)리에 끝내려고 남다른 생각을 갖고 있으며, 자신의 일을 성직(聖職)으로 여긴다. 그리고 '외형적 성적(成績)과 성장(成長)보다 내면적 성숙(成熟)과 품성(品性)을 중시한다.'

"품성은 말보다 크게 말한다"는 말이 있다. 딱 민정동 박사님을 두고 한 말 같다. 본서는 품성이 성공이 되는 놀라운 비밀들을 가득 담고 있다. 성공 동력의 엔진을 바로 켜 보시기를 바란다.

송길원 | 목사, 가족생태학자, 행복발전소 하이패밀리 대표

君子之道 譬如行遠必自邇 譬如登高必自卑(군자지도 비여행원필자이 비여등고필자비)

"군자의 도는 비유컨대 멀리 가려면 가까운 데서 시작하고, 높이 오르려 하면 낮은 데서 시작함과 같다."

기본적인 것, 가까이 있는 것, 일상적인 것, 손쉬운 것부터 충실함으로 출발하는 삶의 자세에 관하여 이미 동양의 고전 『중용(中庸)』에서 2,500년 전에 말한바 있다.

이 책에서 필자는 좋은 품성이야말로 가장 큰 삶의 자산이며 지혜임을 자신의 원숙한 경험과 깊은 사유를 통하여 정리하고 담담하게 이야기하듯이 풀어가고 있다. 행복한 삶에 이르도록 도와주는 기초공사로서 좋은 품성의 계발 방법을 들려줌으로써 독자가 행복하고 성공적인 삶에 이르도록 돕는 좋은 지침서가 될 것이다.

윤석호 | 경제인, 전 삼성SDS 부사장, 삼성사회공헌위원회 위원

사랑을 아는 자가 사랑을 말할 수 있다. 저자 민정동은 좋은 품성의 소유자다. 때문에 그의 '품성' 이야기는 공감할 수 있다. 학교와 회사 현장에서 많은 이들과 호흡을 해왔기에 그는 '좋은 품성은 성공의 동력'임을 찾아내어 말할 수 있었을 것이다. 천안 새점골, 그곳에는 샘솟는 시원의 물이 있다. 이 물줄기 곁에서 탄생한 이 책은 읽는 이들에게 성공의 동력으로 샘솟아 다가설 것이다.

이세인 | 작가, 전 전국경제인연합회 도서관장

오늘날 우리 사회는 급속한 변화와 혼돈 속에서 내일을 예측하기 어렵다. 내가 책임지기보다는 남을 탓하고, 자기를 성찰하기보다 남을 먼저 비평한다. 즉흥적으로 행동하고, 나만을 우선으로 하는 사회에서 살고 있다. 이러한 우리 사회의 병리현상을 치유하기 위해서는 무엇보다도 좋은 품성을 가질 수 있도록 교육이 우선되어야 한다. 이러한 때에 좋은 품성을 계발하여 진정으로 행복한 삶과 성공적인 삶을 살아가는 방법을 제시한 책이 나와 독자들의 관심을 집중시키고 있다.

이 책은 독자들이 자신의 품성을 진단하고 부족한 부분을 채워 나갈 수 있도록 구체적 사례를 들어 좋은 품성을 계발하는 교과서라고 생각한다. 따라서 이 책은 개인의 행복과 성공뿐만 아니라 기업 내에서도 인재양성을 위한 기초과목으로 활용할 수 있을 것이다.

이제빈 | 경영학박사, 어니스트경영컨설팅 대표

좋은 품성은 성공의 동력이다

초판 1쇄 인쇄_ 2014년 8월 14일
초판 1쇄 발행_ 2014년 8월 20일
지은이_ 민정동
펴낸이_ 송길원
편집_ 기록문화
편집디자인_ 김은경
본문디자인_ 양선애
펴낸곳_ 도서출판 해피홈(출판등록 2002. 11. 28 제22-2265)
      Tel 02-2057-0033 Fax 02-2057-3904
      주소 (137-130) 서울시 서초구 양재동 115-9
      홈페이지 www. hifamily.net

ISBN 978-89-91662-20-9 03180

좋은 품성

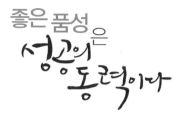

민정동 지음

해피홈
도서출판

목차

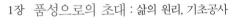

행복하려면 품성을 계발하라

1999년 조지 W. 부시 대통령 당선자는 인수위원회 위원들에게 "품성을 더한 지성이야말로 교육의 진실한 목적이다"라고 말했다. 160년 역사로 성장 발전한 제이 피 모르건 ^J. P. Morgan^ 금융회사의 창업주 제이 피 모르건은 "돈이나 그밖에 어느 것보다도 첫째가 품성이다. 돈으로도 품성은 살 수 없다"는 가치이념을 경영에 적용해 왔다. 기업의 평균 수명은 30년 정도라고 하는데, 어떻게 160년 된 회사가 오랜 기간 동안 성장하며 일류 회사로 인정받을 수 있었을까? 그 답은 변화를 위한 혁신활동과 더불어 품성을 핵심가치로 이념화하여 대내외적으로 심어 주는 데 있었다.

　나는 1988년부터 기업의 경영혁신을 위한 컨설턴트로 일하면서 수많은 사업장에서 여러 계층과 다양한 분야에서 일하는 사람들을 만날 수 있었다. 그중에는 칭찬과 격려를 잘하고 긍정적 생각을 지니고 항상 긍정적인 말을 하며 즐겁게 일하는 사람들이 있었다. 반면에 부정적 생각을 지니고 부정적인 말을 하며 불만스럽게 일하는 사람들이 있었다.

　경청을 잘하고 진실함으로 인간관계를 잘하는 책임자가 성공하길 바라며 힘들어도 지시를 기꺼이 수행하는 사람들이 있는 반면에 소수이긴 하지만, 고집스럽고 자기 주장을 세우며 변화를 싫어하는 사람들도 만났다. 이밖에도 말과 행동에 일관성이 있어 신뢰할 수 있는 사람들이 있는가 하면 말과 행동이 수시로 변해서 믿을 수 없는 사람들도 있었다. 또한 신중하게 판단하고 올바른 대책을 세우며 가치를 내는 사람들이 있는가 하면 늘 바쁘기는 한데 성과가 부족한 사람들도 있었다. 그리고 일터를 항상 개선하면서 효율적으로 일하고자 노력하는 사람들을 보았다.

이들을 생각하면서 나 자신의 지난 세월을 되돌아보았다. '나는 과연 다른 사람들에게 어떤 사람으로 보였을까?' 부끄러운 부분이 많았다. '행복한 삶, 진정으로 성공한 삶을 살기 위해서 무엇을 어떻게 해야 할까?' 반문했을 때 품성계발이 무엇보다도 중요하다고 판단했다. 경쟁하지 않고도 얻을 수 있는 내적 가치(봉사, 우정, 사랑, 헌신 등)와 경쟁해야만 얻을 수 있는 외적 가치(돈, 권력, 직위, 명예 등)를 동시에 만족시키는 것이 바로 품성계발이다.

이 책은 품성계발을 통해 자신이 먼저 변화하고 가정과 직장, 사회에서 행복하고 성공적인 삶을 살 수 있도록 15가지의 중요 품성 자질에 대해서 나의 개인생활, 가정생활, 사회생활에서 겪은 경험을 중심으로 집필했다. 가정과 직장에서 아래와 같은 품성의 중요성을 진단하고 독자가 스스로 재인식할 수 있는 기회를 제공하고자 했다.

1. 품성은 성취하는 업적보다 더 중요하다.
2. 품성은 삶의 원리이고 기초공사다.
3. 품성은 가치 있는 일을 열심히 하게 한다.
4. 품성은 변화와 신뢰, 가지, 리더십을 추구한다.

이 책은 8장으로 구성했으며 삶에 중요한 15가지의 품성 이해를 돕기 위해 독자 스스로 자가진단하고 평가하여 부족한 부분을 인식하고 삶에 적용할 수 있도록 각절마다 품성이해와 실행에 대한 내용인 진단시트를 두었다. 또한 '품성계발과 실행가이드'에서는 품성계발을 실행하는 데 도움이 되도록 구체적으로 사례를 들어 설명한 것이 이 책의 특징이다.

1장에서는 삶의 원리이고 기초공사인 품성으로의 초대, 2장에서는 기쁘고 행복한 삶의 품성인 '기쁨과 감사, 열심', 3장에서는 효율과 준비의 품성인 '정리정돈과 경계심', 4장에서는 상호 신뢰의 품성인 '순종과 충성', 5장에서는 투명한 동기와 미래의 신뢰를 얻는 품성인 '성실함과 진실성', 6장에서는 인식과 대처의 품성인 '신중함과 분별력', 7장에서는 가치와 관계의 품성인 '경청과 칭찬', 8장에서는 운명과 행운에 영향을 주는 품성인 '생각과 말'을 제시하였다.

끝으로 이 책을 읽은 독자가 행복하고 성공적인 삶을 사는 데 도움이 되기를 진심으로 기원한다. 그리고 추천의 글을 써 주신 분들과 이 책이 빛을 보도록 기회를 주신 하이패밀리 대표 송길원 목사님께 감사드린다. 또한 이 책을 쓰는 데 조언하고 격려해 준 사랑하는 아내 이종순과 큰딸 지은, 그리고 삽화를 그린 작은딸 예은에게 고마움을 전한다.

2014년 8월
천안 새점골에서 민정동

1장

품성으로의 초대

삶의 원리, 기초공사

품성이란 '아무도 보지 않을 때 하는 행동'으로 무심코 행하는 습관화된 행동들을 통해서 품성이 드러난다. 성공이 눈에 보이는 현상이라면 좋은 품성은 성공적인 삶의 원리이고, 기초공사이며 눈에 보이지 않는 본질이다.

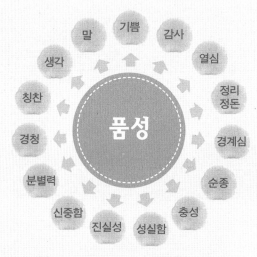

삶의 기본이 되는 15가지 품성 자질

농부가 봄에 씨를 뿌려 가을에 추수를 거두듯 성공은 품성의 씨를 심은 사람에게 보상되는 열매다.

품성이 성공을 결정한다

말이나 태도, 목표, 관계와 행동에 영향을 주는 품성은 결단에 미치는 동력이다. 결단의 결과는 성취다. 따라서 품성은 성취하는 업적보다 더 중요하다. 품성은 본질이고 성취는 현상이기 때문이다. 수학적인 함수이론으로 표현한다면 품성은 독립변수, 성취는 종속변수다. 성취는 품성의 함수로 품성 수준의 변화에 따라서 성취도 변화한다는 것이다.

나는 성적보다 품성이 더 소중하다고 생각한다. 그래서 자녀교육
은 흙이 많은 시골 환경에서 자연과 더불어 교육시키는 것이 아파
트 밀집지역인 도시 환경에서 교육시키는 것보다 더 좋다고 생각했
다. 성적은 좀 떨어지더라도 바른 품성의 습관을 갖게 하는 데 도움
이 되기 때문이다. 그래서 큰딸이 중학교를 마치고, 작은딸이 초등
학교를 다닐 때 아파트 밀집지역인 경기도 분당에서 안성으로 이사
했다. 작은딸은 농사철에 논과 밭에 뿌린 돈분, 계분, 우분 등의 퇴
비에서 나오는 자극적인 냄새를 맡고도 "아! 시골냄새가 난다"고 항
상 즐겁게 말했다.

시골로 이사하는데 아내도 기꺼이 찬성했다. 지인들은 "다른 사
람들은 자녀교육을 위해서 시골에서 도시로 이사를 하는데 오히려
반대로 그런 결정을 할 수 있는가?" 하며 나의 결정을 의아하게 생
각하는 것 같았다. 도시에서도 좋은 성적과 바른 품성을 이룰 수 있
다고 생각한다.

그런데 내가 이렇게 생각한 것은 어린 시절 농촌에서 살았던 경
험과 자녀를 양육하면서 겪은 경험에 큰 영향을 받았다. 나는 애들
에게 "학교 다닐 때 공부를 잘하는 것도 중요하다. 하지만 성실하게
생활하는 습관과 스스로 문제를 빌견하는 자율성과 스스로 문제를
해결하는 자립성을 가져야 성인이 되어서 사회생활을 잘할 수 있다"
고 종종 말했다.

큰딸이 초등학교에 입학하기 전에 한글을 가르치는 등 선행학습

을 시키지 않아도 그런 대로 학교생활을 잘했기 때문에 중학교에 입학할 때도 흔히 하는 선행학습을 시키지 않았다. 그런데 중학교에 입학한 후 첫 시험에서 평균 80점을 받았는데도 성적이 하위 20퍼센트였다. 큰딸은 경쟁심이 있어서 학원을 보내달라고 했다.

하지만 나와 아내는 학습과외를 시키지 않기로 나름대로 교육방침을 세웠기에 이렇게 설득했다. "네가 받은 80점은 너 스스로 열심히 해서 얻은 점수이기 때문에 가치가 있고 잘한 것이다. 네가 다른 애들처럼 선행학습의 과외를 하였다면 너도 100점에 가까운 점수를 받을 수 있었겠지. 그런데 아빠는 과외에서 얻은 성적은 네 성적이 아니고 과외 선생님의 성적으로 가치가 없다고 생각한다. 학교 선생님들은 국가에서 인정하는 교원 자격증을 가진 분들이다. 실력도 있고 훌륭한 분들이니 앞으로 수업시간에 더 열중하면 더 좋은 점수를 받을 수 있다."

그리고 "과외해서 얻은 높은 점수보다는 스스로 무엇인가 열심히 하고자 하는 좋은 습관이 더 중요하다. 너는 초등학교 때도 혼자 열심히 해서 잘했으니까 중학교에서도 혼자서 잘할 수 있는 재능이 있다"고 조언하며 격려해 주었다.

그 당시 나는 큰딸의 잘하고 싶은 마음을 읽어 주기보다는 과외를 하지 않아도 충분히 해낼 수 있다는 기대치를 말해 주었다. 큰딸은 평소 혼자서 열심히 하더니 2학년을 마치면서 학교에서 '노력상'을 받아 왔다. 아내와 함께 "네가 평소 성실하고 열심히 하니깐 우등상보다 더 좋은 상을 받았다"고 칭찬해 주었다. 그랬더니 매우 기뻐했다. 사실 노력상은 성실함과 열심이라는 품성 자질을 칭찬하는 상으로 성과를 평가하는 다른 어떤 상보다 좋은 상이다.

작은딸도 선행학습 없이 초등학교에 조기 입학까지 시켰다. 첫 받아쓰기 시험에서 열 개 중에 두 개만 맞은 것에 대해서 "아유, 두 개나 맞았어!"라고 아내가 딸을 껴안으면서 잘했다고 칭찬했다. 혼자서 학교 다니는 것만 해도 기특했기 때문이다. 그 애도 선행학습을 시켜서 좋은 성적을 받게 하는 것보다는 혼자서 스스로 공부하는 습관을 갖게 했다.

지금은 둘 다 프랑스에서 흔히 있는 유급과 제적을 당하지 않고 큰딸은 파리 3대학교^{Nouvelle Sorbonne}에서 트레조노나블^{trés honorable (매우 명예로운)}의 성적으로 박사학위를 받았다. 그리고 논문심사위원들의 권유로 박사논문을 편집해서 프랑스에서 책으로 출판까지 했다.

작은딸도 프랑스 클레몽 페랑 미술대학에서 학부와 대학원을 최우수 성적으로 졸업하고 지도교수의 추천을 받아 현지에서 세미나, 워크숍을 했다. 그리고 프랑스 정부 및 지방자치단체의 지원으로 작품 전시회와 프랑스 작가를 비롯한 다국적 작가들과 함께 프랑스 브르따뉴 지방에서 작품 활동을 하고 있다.

내가 대학원에서 전공한 자동제어 이론에 상태변수^{State Variable}의 원리가 있다. 그 원리는 자동화계통에서 과거와 현재의 상태를 알면 미래의 상태를 예측할 수 있다는 것이다. 만약 어떤 계통을 해석한 결과 미래의 상태가 불안정하다고 예측되어 그 계통이 가치가 없을 경우에 연구자는 현재 상태의 특성을 조작 변화시켜서 그 계통의 상태를 안정시켜 가치 있게 만든다.

　사람에게도 이 원리를 그대로 적용해 유추할 수 있다. 자동제어에서 특성은 사람의 품성에 비교할 수 있다. 예를 들어 자신의 미래 상태를 예측하기 위해서 자신의 과거이력 또는 경력, 현재하는 일, 성취 등을 검토한다. 그것으로 미래의 기대치를 예상할 수 있다. 그런데 자신의 미래에 예상된 기대치가 보잘것없어서 더 큰 성공적인 기대치로 변화시키기를 원한다면 현재의 품성 수준을 더 높은 수준으로 변화시키고자 계발함으로써 가능하다고 생각한다. 사람의 성공은 그 사람이 가지고 있는 능력(지식, 정보, 창의력, 기술)에다 품성을 곱한 것이기 때문이다.

　・ 성공 = 능력 × 품성

　이 공식으로 보면 능력이 아무리 있어도 품성수준이 낮으면 진정한 성공은 이룰 수가 없다. 누구든지 진정한 성공을 갖기 위해서는 품성계발이 우선이다. 성공을 위해서 학교, 직장, 사회에서 일등이 되라고 가르치기보다는 바른 품성을 지닌 사람이 되게 지도하는 것이 더 중요하다.

진정한 성공, 성취는 품성의 열매다

진정한 성공이란 무엇인지 진지하게 생각해 보아야 할 필요가 있다. 일반적으로 다른 사람들하고 나누면 가치가 줄어드는 배타적 가치인 외적 가치(직위, 권력, 돈, 명예 등)를 가졌을 때 성공했다고 한다.

그런데 경쟁하지 않고도 얻을 수 있으며 다른 사람들하고 나누면 나눌수록 가치가 향상되는 봉사, 우정, 배려, 사랑, 헌신 등의 고상한 가치인 내적 가치는 외적 가치 이상으로 소중하다. 내적 가치 없이 외적 가치만으로는 진정한 성공이라고 볼 수 없다. 진정한 성공을 위한 이 같은 가치들을 동시에 지닐 수 있게 하는 유일한 지름길이 품성을 계발하는 것이다. 성공을 위해서가 아니라 정말로 행복한 삶을 살기 위해서 바른 품성계발은 매우 중요하다.

미국인들은 노예해방을 이룬 링컨 대통령을 미국 역사상 최고의 위인으로 생각한다. 우리나라에도 역사상 많은 위인들이 있지만 어떠한 환경에서도 국가와 국민을 위해 자신을 기꺼이 희생한 이순신 장군을 많은 사람들이 최고의 위인으로 생각한다. 이순신 장군이 난세의 국가를 살리고, 링컨 대통령이 노예해방을 이룰 수 있었던 본질은 무엇보다도 경계심, 분별력, 신중함, 경청, 순종, 충성, 감사, 기쁨, 열심, 생각 등의 바른 품성으로 자신들이 성취한 직위 등의 외적 가치를 성실함과 진실성의 투명한 동기로 국가와 국민을 위해 내적 가치를 실현했기 때문이다.

품성은 삶의 원리이고 기초공사다

고등학교 체육시간에 선생님이 하셨던 말씀이 생각난다. "보리밥이 썩으면 냄새가 심하지 않지만, 비싼 고급 요리가 썩으면 냄새가 지독하다. 사회 고위 지도층이 잘못되면 사회에 미치는 영향이 매우 크기 때문에 높은 지위에 올라가면 갈수록 바른 품성을 지녀야 한다."

우리는 무한 경쟁의 시대에 살고 있다. 이로 인해 다른 사람과의 관계에서 신뢰를 떨어뜨리고 자신의 인간성이 변질되기도 한다. 또한 바른 가치를 분별하지 못하며, 아름다운 꿈과 낭만이 사라져가는 슬픔을 겪기도 한다. 그리고 삶의 원리이고 기초공사인 품성의 바람직한 변화를 무시하거나 생략하면서 성공하는 지름길을 찾으려고 할 수 있다.

그러나 바람직한 품성의 변화를 위해 노력하지 않으면서 성공의 지름길을 찾으려고만 시도할 때 오히려 실망과 좌절만 갖게 된다. 이것은 기초공사 없이 집을 지을 경우 집을 짓지 못하든가, 설사 억지로 지어도 무너지는 것과 같다. 예를 들면 우리 사회에서 발생하는 많은 잘못된 사건들은 다른 사람에게 피해를 주고 자신도 한순간에 무너지는 안타까운 경우가 종종 있다.

즉 최근에 발생하는 권력형 비리, 가장 정의로워야 하는 사법기관의 부패와 엽기적인 성추행, 교육계의 부패, 공무원의 공금횡령, 저축은행 비리, 국정원의 증거 조작 행위 등은 품성을 변화시키지 않고 성공만 하려는 욕심만 부리다가 잘못된 결과를 낳는 사례들이다.

잘못된 품성은 가정과 직장에서 시기와 질투, 부도덕, 부정적, 분노, 근무태만, 무책임, 부정, 부패, 불평, 불만 등 여러 가지의 나쁜 행동으로 나타난다. 그리고 잘못된 품성의 태도에서 연유하는 긴장은 직장과 가정에서 인간관계도 나쁘게 한다. 직장에서의 인간관계 갈등으로 인한 문제는 가정에 나쁜 영향을 미치고, 부부문제나 자녀와의 갈등은 직장업무에 나쁜 영향을 미칠 수 있다.

더욱이 그릇된 품성의 행동으로 인한 부상이나 재해 등은 개인과 가족 그리고 직장에 많은 피해를 준다. 이러한 모습을 근본적으로 해결할 수 있는 유일한 방법은 각자가 삶의 원리이자 기초공사인 품성을 계발하는 것이다.

품성은 신뢰를 쌓는다

나는 경영자와 관리자, 사원들이 부서 및 동료들 사이에 서로 신뢰가 떨어져서 생산성이 떨어지고 스트레스를 많이 받는 사업장을 진단한 적이 있다. 이러한 사업장의 사원들은 불안해하고 눈치 보면서 서로 견제하고 마지못해서 일을 하기 때문에 힘들어했다. 또한 "여기서 열심히 해보았자 소용이 없다"는 등 부정적인 말을 하고 기회만 되면 이직하기를 원했다.

진단 결과 신뢰가 결여된 이유가 있었다. 서로 솔직하게 말하거나 의논할 수 있는 성실함과 진실성의 환경이 조성되어 있지 않았다. 그리고 고집스러운 태도로 자기 주장을 함으로써 상호간 순종하는 태도가 부족했다.

반면에 다른 사업장의 경영자는 사원들을 잘 관찰하여 그들도 미처 깨닫지 못한 장점이나 강점 등을 찾아내서 칭찬과 격려를 해 주고 있었다. 필요시 수시로 면담해서 일을 잘할 수 있도록 업무를 조정해 주는 등 인간성 존중의 경영을 실행하면서 소통을 잘하고 있었다. 그는 사원들의 잘못을 꾸짖을 때는 다른 사람이 모르게 하고 칭찬할 때는 여러 사람이 알게 했다. 그 결과 경영자는 사원들에게 매우 신뢰를 받고 있었고 그 회사는 성과도 좋았다.

혼자 힘만으로는 어떤 일을 이루기 어렵다는 고장난명(孤掌難鳴)이라는 말이 있다. 누구든지 어떤 일을 성취하기 위해서는 반드시 협력자가 필요하다는 것이다. 사람은 누군가에게서 영향을 받고, 또 누군가에게 영향을 주면서 살아가기 마련이다. 서로 신뢰가 바탕이 되면 세상을 좀 더 적극적으로 잘 살아갈 수 있다. 신뢰하는 사람들끼리 함께 잘 살 수 있다면 그보다 더 좋은 일은 없다. 일하면서 믿을 만한 누군가가 있다는 것은 정말 행복한 일이다.

신뢰는 하루아침에 만들 수 없고 돈으로도 살 수 없다. 같은 무리끼리 서로 내왕하며 사귄다는 유유상종(類類相從)이라는 말처럼 신뢰할 사람을 만나고 싶으면 자신부터 먼저 신뢰받을 수 있는 사람이 되어야 한다. 신뢰를 쌓기 위해 가장 중요한 것은 순종, 충성, 성실함, 진실성의 바른 품성을 가지는 것이다. 이런 바른 품성을 지

닌 사람이라면 그는 다른 사람에게 감동을 주고 신뢰받을 수 있는
사람이다.

품성계발은 공동체를 변화시킨다

품성계발은 개인의 변화를 가져온다. 그래서 지극히 개인적이기는
하지만, 품성이 계발되어서 얻은 지위는 자신은 물론 다른 사람에
까지도 영향을 준다. 다시 말해 개인이 품성을 계발하면 우선 자신
의 삶의 가치관이 바뀌고 분명한 비전과 사명을 세워 보람 있고 행
복한 삶을 살게 된다. 그리고 높은 성과로 가정과 직장에서 존경받
는 사람이 된다. 또한 그 품성은 말과 태도, 결단, 목표, 관계와 관련
이 있기 때문에 개인이나 가정, 직장, 사회에 많은 영향을 미쳐 사회
적 행복도 가져다준다.

    그밖에도 바른 품성을 지닌 사람은 자신의 위치에서 다른 사람
이 성공할 수 있도록 도우며 타인의 삶도 바람직하게 변화시킨다.
개인 한 사람의 품성 변화는 미약하지만 변화된 사람들이 모인 바
른 품성의 문화는 개인과 가정, 더 나아가 사회 공동체를 변화시키
는 데 기여하는 힘이 있다.

    내가 컨설팅을 한 모회사의 간부는 경청과 신중함, 분별력의 바
른 품성을 지닌 사람이었다. 그는 말보다는 경청을 먼저하고 비난과
질책 대신 자신의 태도와 행동이 가져올 영향 등을 항상 고려하는

것 같았다.

그는 상대방의 입장을 헤아릴 줄 알고 적재적소에서 감정을 조절할 줄도 알았다. 그밖에도 그는 때와 장소를 가려 대화할 줄 알고 표정과 몸짓 하나에도 신중을 기했다. 그리고 대화할 때 이성적일 뿐만 아니라 감성적으로도 공감하려고 노력하는 것을 볼 수 있었다. 그는 자신의 위치에서 상사가 아니라 회사의 바람직한 변화를 위한 리더로서 역할을 자연스럽게 했다.

오늘날 일류기업은 생산성을 높이고 가치를 향상시키기 위해서 채용이나 승진, 해고를 할 때 순종과 성실함, 열심, 감사 등의 품성 자질로 나타난 증거를 기준으로 기업문화를 형성하는 변화를 시도하고 있다.

품성계발은 가치 있는 일에 집중하게 한다

오래 전에 정리정돈 상태를 진단하기 위해서 제과공장을 방문한 적이 있었다. 나를 안내하는 간부는 작업자들이 열심히 일하고 있는 것을 보면서 "저희 회사 사원들은 보시는 바와 같이 열심히 일하고 있습니다"라고 자랑스럽게 말했다. 실제로 그 회사의 사원들은 다른 사업장보다 열심히 일하고 있었다. 그러나 공구, 자재, 제품 등의 보관 장소가 정해져 있지 않았고, 생산현장 여기저기에 제멋대로 흐트러져 있었다. 때문에 불필요한 이동과 운반 등의 동작을 많이 하고 있었다.

다른 사업장보다 열심히 하는 것은 참 좋은 현상이었다. 하지만 열심히 일하는 것이 아니라 열심히 움직이고 있는 것은 낭비다. 가치를 창출하는 일은 열심히 움직이는 것이 아니라 가치가 있는 일을 하는 것이다.

열심의 척도에 대한 평가는 무엇을 하고 있는가에 있는 것이 아니라 얼마나 가치를 향상시키는가에 달려 있다. 매일 무조건 열심히 일하면 기업이 잘 될 것이고 본인도 승진될 것이라고 생각한다면 큰 오산이다. 가치가 있는 일을 열심히 하여 기업이 잘 될 때 승진도 할 수 있다.

바른 품성은 좋은 습관을 갖게 한다

인생에서 좋은 습관은 능력이나 재능보다 더 중요한 변수가 될 수 있다. 왜냐하면 좋은 습관을 가진 사람은 성공한 사람으로 남지만, 나쁜 습관을 가진 사람은 실패한 사람으로 남기 때문이다. 쇠에서 생긴 녹이 점점 그 쇠를 먹는 것처럼 자신도 모르게 생긴 습관은 사람을 변화시킨다.

습관이란 바로 생각하지 않고도 할 수 있는 행동이다. 이것저것 의식하지 않고도 무리 없이 해낼 수 있는 것이다. 누군가가 무엇인가를 계속 연습한다면 결국 그것을 잘할 수 있게 된다. 마찬가지로 바른 품성의 태도들을 반복해서 삶에 적용할 때 품성은 변화되고, 변화된 품성은 좋은 습관으로 정착된다. 부정적으로 생각하는 습관은 스트레스만 받고 해결책을 찾을 수 없다. 그러나 긍정적으로 생각하는 습관은 해결방법도 찾고 발전할 수 있다.

모두가 선호하는 물건에 명품이 있듯이 사람은 물질에 의해서가 아니라 누구에게나 필요한 좋은 품성이 습관화된 사람이 명품이다. 자신을 명품으로 만들 수 있는 좋은 품성을 갖도록 노력하자. 명품은 세월이 지나도 항상 새롭게 느껴지듯이, 명품인간, 즉 바른 품성을 가진 사람은 쉽게 변질되지 않게 습관화되어 있어서 늘 새롭게 빛난다.

자신의 나쁜 습관을 고치기 위해서는 새로운 자각, 강인한 결단, 인내 등이 필요하다. 나쁜 습관 자체를 제거하는 일에 매달리지 말고 나쁜 습관과 정반대가 되는 좋은 습관에 집착하기 위한 품성계발이 필요하다. 바른 품성은 좋은 습관이 되므로 품성교육이란 좋은 습관으로 변화시키는 것이라 할 수 있다.

지난날 나는 긍정적인 시각보다는 비판적이고 부정적인 시각에서 현상을 바라보는 습관이 있었다. 지금은 가능하면 부정적인 것도 긍정적인 시각으로 보고자 한다. 예를 들어 "문제가 있다는 것은 대부분 부정적인 것이다. 하지만 문제가 많은 만큼 발전할 수 있다"고 생각한다. 처음부터 문제가 없다면 제일 좋다. 하지만 우리 사회를 병들게 하는 부정부패와 각종비리, 자살, 학원폭력, 안전사고, 저출산, 천문학적인 사교육비, 과다한 음식물 쓰레기, 계층 간의 갈등

등 엄청난 부정적인 사회문제들이 많이 있다.

그러나 이런 문제들을 긍정적인 시각에서 바라보면 모두 표면으로 나타난 것이기 때문에 어느 정도 해결될 수 있다. 그 문제들의 절반만 해결하여도 그만큼 좋아질 수 있다는 것이다. 실제로 매년 부분적으로나마 해결되고 좋아지고 있는 것이 사실이다.

한때 교통사고 사망이 하루에 40명 정도였던 것이 현재 20명 이하로 줄었다. 한때 성역이라고까지 했던 고위 권력계층의 각종 비리가 밝혀져서 줄어들고, 산업재해와 고비용 저효율의 심각한 문제가 있었지만 개선되고 있다. 아직도 개선되어야할 문제가 많이 있지만 부정적인 문제 때문에 걱정만하고 좌절할 것이 아니라 긍정적인 시각에서 바라보고 문제를 적극적으로 제거해야 한다. 더 나아가 사전에 문제가 발생하지 않도록 개인의 품성계발로 좋은 습관화가 되게 하면 할수록 점점 우리나라는 세계에서 인정받은 선진국으로 발전될 것이다.

2. 품성 자가진단

'자신의 품성을 말할 때 어느 정도 알고 있으며 실행하고 있을까?' 자신의 품성이해와 품성실행 정도를 자가진단하기 위해 각각 20가지 질문의 문항으로 진단시트를 만들에 체크할 수 있게 했다.

품성이해 자가진단

나의 바른 품성이해 수준은 어느 정도인가? 다음 문항들은 현재 자신이 품성에 대해서 어느 정도 알고 있는지 스스로 평가할 수 있도록 품성에 대한 핵심적인 내용을 가지고 작성한 것이다.

진단방법은 각각의 문항에 대해서 매우 잘 알고 있다고 판단되면

'ㅇ'에 그렇지 않으면 '△'에 체크하면 된다.

'△'에 체크된 내용에 대해서 집중적으로 계발하는 기회로 삼자.

품성이해 자가 진단시트

NO	진 단 내 용	진단 ○	진단 △
1	품성은 변화, 신뢰, 가치, 리더십을 추구한다.		
2	품성은 개인의 변화를 염두에 두고 있다.		
3	품성의 문화는 개인과 가정 더 나아가 사회 공동체를 바꾸어가는 힘을 갖게 한다.		
4	품성은 교육된 후천적 성격, 덕성, 인격 등의 태도로 나타난다.		
5	재능이 있어도 품성수준이 낮으면 성공은 이룰 수가 없다.		
6	품성은 눈에 보이지 않는 본질이고, 성취는 눈에 보이는 현상이다.		
7	인생에서 좋은 습관의 품성은 능력이나 재능보다 더 중요한 변수다.		
8	성취는 품성의 씨를 심은 사람에게 보상되는 열매다.		
9	바른 품성으로의 변화는 바른 습관화다.		
10	품성계발 훈련은 직장과 사회에서 성공할 수 있는 기본을 향상시킨다.		
11	품성을 계발하면 행복한 삶을 살며, 높은 성과로 가정과 직장에서 존경받는 사람이 된다.		
12	품성을 계발하면 할수록 긍정적인 생각과 가치가 있는 일을 더 열심히 하게 된다.		
13	다른 사람의 바른 품성을 칭찬함으로써 품성을 계발할 수 있다.		
14	품성계발은 스스로 하고자 하는 열정과 훈련의 결과다.		
15	품성계발은 개인뿐만 아니라 직장, 사회 등 공동체의 변화와 화합을 강화한다.		
16	신뢰를 쌓기 위해서는 순종, 충성, 성실함, 진실성의 바른 품성이 요구된다.		
17	품성의 가치는 금보다 더 가치가 있고 돈으로도 살 수 없다.		
18	잘못된 품성의 태도에서 연유하는 긴장은 가정과 직장에서 인간관계를 파괴한다.		
19	품성의 역할은 책임자의 위치에 있는 사람들에게 더욱 중요하다.		
20	품성이 계발되어서 얻은 지위는 모두에게 혜택을 준다.		

평가 : (   ) / 20 (O의 개수를 적음)

바른 품성실행 자가진단

나의 바른 품성실행 수준은 어느 정도인가?

다음의 문항들은 현재 자신의 바른 품성실행을 자가진단하는 데 절대적 기준은 아니지만 적합한 내용이라고 생각한다. 각각의 문항에 대해서 '그렇다'면 'ㅇ'에, '아니다'면 '×'에 체크한다.

바른 품성실행 진단시트

NO	진단 내용	진단 ㅇ	진단 X
1	나는 말하기보다 듣기가 우선이고, 상대방을 격려하고 칭찬하는 데 익숙한 편이다.		
2	나는 매사에 긍정적인 면보다 부정적인 면을 먼저 생각하는 경향이 있다.		
3	나는 타인과 일에 대한 가치관을 공유할 수 있는 의사소통을 잘한다.		
4	나는 평상시 말할 때 부정적인 언어를 잘 사용한다.		
5	나는 책임자가 지시할 때 불합리한 것 같아도 일단 순종을 잘한다.		
6	나는 평소 하는 일보다 힘든 상황이 되면 불평하고 최선을 다하지 않는다.		
7	나는 주변으로부터 받은 혜택을 인식하고 항상 감사의 말을 한다.		
8	나는 일이 잘 안 되면 남의 탓, 환경 탓을 할 때가 있다.		
9	나는 일을 열심히 하며 일로부터 기쁨과 만족을 발견한다.		
10	나는 평소 하는 일에 대한 가치를 깊게 생각해 본 적이 없다.		
11	나는 지시를 받은 업무가 힘들어도 즐거운 마음으로 대처한다.		
12	나는 평소 하는 일인데도 어려움이 있으며 여유가 없다.		
13	나는 주어진 의무에 대한 믿음이 있으며 최선을 다한다.		

14	나는 가끔 정직과 원칙을 지키기보다 거짓과 요령을 부릴 때가 있다.		
15	나는 말하기 전에 충분히 생각하고, 상대방이 받아들일 수 있도록 말한다.		
16	나는 말과 행동이 다르고 일관성이 없을 때가 있다.		
17	나는 문제의 원인과 결과를 논리대로 생각하면서 대책을 세운다.		
18	나는 어려운 상황에 처할 때 그것을 극복하지 못하고 좌절하곤 한다.		
19	나는 서류, 도구 등을 잘 정리정돈하며 업무를 효율적으로 한다.		
20	나는 사건이나 상황에 대해 준비 없이 급하게 행동하는 편이다.		

평가 : (   ) / 20

　　홀수 문항은 'O'이 답이고, 짝수 문항은 'X'가 답이다. 오답에 체크된 항목 즉 자신이 부족한 부분을 성찰하고 집중적으로 개선하는 기회로 삼자.

2장

기쁨, 감사, 열심의 품성

기쁘고 행복한 삶

기쁨은 인생의 생명력이고, 감사는 힘과 에너지며, 열심 없이 성취된 위대한 일은 하나도 없다. 기쁨, 감사, 열심의 품성을 지닌 사람은 어려운 상황에서도 좋은 태도로 받은 혜택을 생각하고 즐거운 환경을 조성하며 행복을 느낀다.

물속에서 즐거움을 느끼는 수달

1. 항상 좋은 태도를 유지하는 기쁨

기쁨이란 기분 나쁜 상태에도 좋은 태도를 보이는 것으로 긍정적인 태도의 품성에서 시작된다. 그런데 항상 기쁨을 유지하는 것은 쉽지 않다. 기쁨의 품성을 계발하여 어떤 경우에도 실망하지 않고 항상 즐겁고 행복한 생활을 하자.

기쁨의 바른 품성 자가진단

나는 기쁨의 바른 품성을 지닌 사람인가?

다음의 문항들은 기쁨의 바른 품성을 자가진단하는 데 절대적인 기준은 아니지만, 적합한 진단내용이라고 생각한다. 각각의 문항에 대해서 매우 잘 알고, 매우 잘 실행하고 습관화되어 있다면 'ㅇ'에,

보통 이하라고 판단되면 '△'에 체크한다. '△'에 체크된 항목 즉 자신이 부족한 부분을 집중적으로 계발하고, 다시 진단하여 변화된 상태를 점검하고, 모든 문항에 대해서 'O'에 체크될 때까지 훈련하는 기회로 삼자.

기쁨 진단시트

NO	진 단 내 용	진단	
		O	△
1	나는 어려운 상황에서도 긍정적인 태도를 계속 유지한다.		
2	나는 어떠한 상황에서도 가장 희망적인 생각, 말, 행동을 선택한다.		
3	나는 낙심할 때도 굴복하지 않고 기쁘게 산다.		
4	나는 최선을 다했을 때 적은 것을 이루더라도 만족한다.		
5	나는 세상에서 가장 가치가 있는 것은 성취해 가는 기쁨이라고 생각한다.		
6	나는 주어진 삶에 만족하고, 인생을 즐길 줄 안다.		
7	나는 어려운 상황에서도 시련을 통해 배우고 기쁨을 찾고자 한다.		
8	나는 자주 즐거운 음악을 들으며 삶의 기쁨을 느낀다.		
9	나는 어떤 변화에 대해 두려움보다 희망을 갖고 즐긴다.		
10	나는 어떤 문제가 있다면 적극적으로 해결하고 극복한다.		

기쁨의 바른 품성계발과 실행가이드

문제를 극복하라

심리학자들은 '기쁨이 마음에 가득 차야 일할 의욕이 생기고 어떠한 난관이 다가와도 극복할 수 있는 놀라운 용기를 가질 수 있다'고 한다. 그들은 기쁨과 감사와 같은 긍정적인 정서가 인지능력을 확장시키고, 창의성과 문제해결 능력을 개선시켜 사회적 관계를 구축하는 데 크게 기여한다고 한다. 그리고 열심히 하라고 강요하고 지시할 것이 아니라 환경을 기뻐할 수 있게 만들어 준다면 인지능력이 확장되어 창의적인 문제해결 능력을 갖고 자신의 삶을 성공적으로 구축해 나갈 수 있다고 한다.

몇 년 전 오랜만에 온 가족이 함께 크리스마스이브를 보냈다. 그 시간을 어떻게 보낼지 이야기하다가 작은딸이 "아빠 나 지금 논문을 쓰는데 미궁에 빠졌어요"라고 했다. 그래서 각자의 전공에 대해서 워크숍을 했다. 처음 발표자로 나선 작은딸은 이전에 다른 사람 앞에서 발표하는 것을 매우 어려워했다. 그런데 그날 발표하는 데 아주 자연스럽게 잘했다.

나는 "너 발표를 자연스럽게 잘 하는데 학교에서 특별하게 배웠냐? 발표하는 것을 보니깐 여러 사람들 앞에서도 잘 할 수 있겠다"라고 칭찬했다. 작은딸은 "아빠, 학교에서 매학기 중간과 끝날 때마다 교수님들과 학생들 앞에서 과제를 발표하고 평가를 받았기 때문에 이젠 누구 앞에서도 발표하는 것이 어렵지 않아요"라고 하면서 기분 좋은 표정을 지었다.

두 번째 발표자인 나는 품성계발 원고에 대해 발표했다. 모두에게 많은 지적을 받았지만, 원고를 작성하는 데 격려와 교정 등의 도움을 받을 수 있었다. 아내는 사회복지의 방향과 상담에 대해서 발표를 했다. 지적보다 격려를 더 많이 받았다.

마지막으로 큰딸은 지금까지의 박사학위 논문과정과 앞으로의 방향을 설명했다. 잘 알지는 못하지만 독창성과 창의성이 있는 좋은 논문이 될 수 있을 것 같다고 아내와 함께 칭찬과 격려를 해주었다. 아주 흡족해했다. 결국 그 방향으로 논문을 완성했고, 논문 심사에서 독창성 있는 논문으로 좋은 평가를 받았다.

발표한 뒤 서로 의견을 나눌 때 아내와 함께 격려해 주었다. "잘했어." "잘된 계획 같은데 그대로 하면 좋을 것 같다." "첫 번째보다는 세 번째 내용이 더 좋은 것 같다." "내 생각 같아서는 그 내용은 조금 수정하는 것이 좋을 같은데 어떻게 생각해?" "아주 좋은 아이디어인데 어떻게 그런 생각을 했냐? 박수치자." 추임새까지 넣어가면서 서로 칭찬하고 격려하며 즐거운 시간을 보냈다.

평소에도 가정경제 등 공통문제가 있으면 의논한다. 그밖에도 각자가 하는 일에 어떤 문제가 있을 때마다 주제와 일징을 징하고 자유스러운 분위기에서 발표하며 질의 응답하는 워크숍을 집에서 가끔 해왔다. 최근에는 행복과 진정한 성공에 대해서 내가 이 책에 나오는 내용을 중심으로 발표하는 워크숍을 했다.

각자의 전공에 대해서는 자신이 하고 있는 내용을 칠판에 써가면서 시간에 구애받지 않고 강의하듯이 발표하는 형식을 택했다. 전공이 서로 다르다. 하지만 발표 내용을 듣고 애정 어린 질문과 답을 통해서 더 창의적이고 발전적으로 의견을 교환하곤 한다. 물론 전공이 서로 다르기 때문에 엉뚱한 질문이 나올 수도 있다. 하지만 오히려 고정관념이 없기 때문에 융합의 시대에 걸맞은 창의적인 발상이 나올 수 있어 평소 어렵다고 생각한 문제의 해결책을 찾는 아이디어도 얻을 수가 있었다.

그리고 자신이 하고 있는 분야에 대해 무엇을 하는지, 왜 하는지, 어느 정도 하는지, 어떻게 하는지 등을 다 함께 공유하고 서로 격려하면서 문제도 해결하는 기쁨도 누린다. 이를 통해 서로 이해하는 기회가 되었다. 기쁨은 문제를 잘 해결하고 극복하는 것이지 문제가 없는 것처럼 무시하는 것이 아니다. 어떤 일에 직면하였을 때 실패해도 아무 문제가 없다는 식으로 말하는 것은 기쁨을 비현실적으로 표현하는 것이다.

지속적인 발전과 성취를 느껴라

적은 돈으로 생계를 겨우 유지하면서도 기쁨을 누리는 사람이 있다. 그러나 원하는 것을 다 살 수 있을 만큼 돈이 있어도 만족하지 못하고 불행해하는 사람도 있다. 무엇을 가진다는 것은 일시적인 기쁨만을 줄 수 있기 때문이다. 진정한 기쁨이 소유물에 있지 않은 이유는 첫째로 가지고 있는 물질은 변하지 않기 때문이다. 결국 그것에 싫증을 느끼고 더 새롭고 더 좋은 것을 계속 원하게 되어 가진 물건으로는 만족을 계속 느낄 수 없다. 둘째로 항상 더 많은 것을 소유하고자 하는 욕구는 더 많이 가지면 가질수록 더 행복해진다는 잘못된 생각에서 비롯되기 때문이다. 돈과 물질은 한순간에 잃을 수 있기 때문에 오히려 돈과 물질이 많을수록 기쁨보다 걱정이 많아질 수 있다.

몇 년 전 작은딸이 학교에서 아프리카로 연수를 다녀왔는데 그곳에서 큰 충격을 받았다고 했다. 공포와 두려움을 느낄 만큼 열악한 치안 환경인데도 불구하고 길거리에서 퍼포먼스를 하는 그곳 사람들의 표정은 너무나 행복해 보였다고 했다. 그들 중에는 한국에서 보내준 재활용 옷들을 입고 있으면서도 행복해 하는 모습을 보고 "나는 그들보다 더 편안하고 풍족한 환경에서 생활을 하고 있는데도 그들처럼 행복해하지 않는 이유는 무엇인가? 과연 행복이 무엇인가?"라는 생각을 하게 됐다고 말했다.

아내는 30년이 넘은 물건과 가구들을 일 년에 두 번 이상이나 위치를 바꾼다. 애들이 어릴 때는 다른 집들처럼 산뜻한 가구가 없는 것에 불만을 가졌지만, 점점 나이가 들면서 "이것은 어떤 역사를 갖고 있어요? 이것은 얼마나 오래 되었어요?"라고 물으며 자긍심을 갖고 사진을 찍어 인터넷에 올려놓고 친구들에게 자랑까지 한다.

그중 아내가 결혼할 때 혼수로 마련해온 35년 이상 된 헌 책상은 나중에 작은딸이 갖겠다며 미리 점을 찍어 놓았다. 오래된 가구들을 간직하는 이유가 있다. 우선 아내가 결혼할 때 가져왔다는 데 큰 의미가 있다. 경제적으로는 더 나은 것을 마련해야 하는 부담도 있었다. 아내는 현재 갖고 있는 것을 버리는 것보다는 '어떻게 놓으면 더 산뜻하고 예쁠까' 생각하며 꾸준히 새롭게 시도하면서 변화된 모습을 보며 기뻐한다.

오늘날 경제적인 삶은 과거에 비하여 놀라울 정도로 풍요로워졌으나 정신적인 삶은 오히려 피폐해지고 힘들어 하는 사람들이 많아졌다. 각종 범죄와 자살하는 사람들이 늘어나고 있는 것을 보면 알 수 있다. 인생에서 기쁨을 유지하는 것은 물질적인 욕망을 억제하고 자신이 추구하는 것이 무엇이든지 적은 것을 이루더라도 지속적으로 발전과 성취를 느끼는 데서 온다. 세상에서 가치가 있는 것은 가지고 있는 물질에 의해서 결정되는 것이 아니라 성취해 가는 기쁨에 의해서 결정된다. 성취가 욕구를 능가할 때 행복감을 더 느낄 수 있는 것이다.

변화를 즐겨라

인생을 살아가는 동안 주변 환경은 수시로 변화할 것이다. 세상이 점점 더 좋아질 것이라는 긍정적인 믿음으로 변화를 즐기고자 한다면, 변화를 즐길 수 있다. 변화는 두려움이 아니라 기쁨이고 희망이다. 개인의 긍정적인 변화는 활동과 태도의 긍정적인 변화와 밀접한 관계를 갖고 있다.

시대가 변화하는 것도 모르고 낡은 것만 고집하며 이를 고치지 않는다면 어떻게 되겠는가. 미련하고 융통성이 없음을 비유하는 말인 각주구검(刻舟求劍 : 항해중인 배에서 칼을 떨어뜨리고 뱃전에서 빠뜨린 자리를 표시해 두었다가 배가 정박한 뒤에 칼을 찾으려 했다)이란 말이 있다. 자기 스스로 변화하지 않으면 다른 사람에 의해서 강제로 변화될 수밖에 없는 세상이다. 그렇게 되면 오히려 더 큰 어려움에 처할 수 있다.

긍정적인 변화란 어떠한 상황에서도 가장 희망적인 생각, 말, 행동을 선택하는 마음가짐이다. 자신의 주변에서 발생하는 변화에 대해 문제의식을 가지고 상황을 현실적인 시각으로 바라봄으로써 기쁨을 유지할 수 있다.

아내는 삶에 대해서도 꾸준히 노력하고 어려움이 있으면 좌절했다가 다시 오뚝이처럼 일어나 새로운 방법을 찾으며 기뻐한다. 나도 어려움에 처해 있을 때마다 늘 마음속에서 푸시킨의 시 '현재의 슬픔을 참고 견디면 기쁨의 날이 온다고 믿으라'는 구절을 되새기면서 현재의 어려움이 미래의 희망이 될 수 있다고 생각한다.

'항상 무엇인가 변화할 것이 없는가?'라고 생각하며 사는 사람이 있다. 변화를 기쁘고 긍정적으로 받아들이는 사람은 항상 일에 대한 기쁨을 느끼고 있기 때문에 어떤 상황에서도 창의적인 발상을 하고 성장 발전한다.

즐거운 음악을 들어라

어떤 음악은 낙심과 절망을 주기도 하고 밝고 명랑한 기분을 전달하기도 하며, 평안과 안정감을 주기도 한다. 이렇게 음악은 듣는 사람의 감정에 놀라운 영향을 미친다. 따라서 평소에 슬프고 염세적인 음악보다는 희망 차고 기쁘고 즐거운 음악을 듣는 것이 삶에 기쁨과 활기를 넣어 줄 것이다. 일반적으로 종교음악은 평안과 안정감을 주는 음악들이 많다. 광고를 위해 사용하는 배경음악은 제품에 감성적인 지각을 가져다준다고 한다.

일터에서 듣는 음악도 사람의 감정과 태도에 영향을 미친다는 사실이 증명되었다. 일터에 적합한 음악을 선택한다면 안정감뿐만 아니라 기쁨과 상쾌함을 줄 수 있어 피로감도 덜어질 것이다.

나는 매우 산만하고 분주한 전자산업 현장을 진단한 적이 있다. 그 현장에서는 불량 등 많은 문제들이 빈번했다. 현장을 살펴본 결과 정밀을 요하는 작업을 하는데 작업자들이 불안한 상태에서 분주하게 일을 하고 있었다. 마음에 안정감이 필요하다고 판단되어 기쁨을 주는 부드러운 음악을 들려주라고 권했다. 안정감을 줄 수 있는 즐겁고 부드러운 음악을 틀어 주기 시작했을 때 작업자들이 차츰 마음에 안정을 찾으면서 사고와 불량이 감소하는 성과가 있었다.

기쁘게 살면 기쁨에서 나오는 특별한 힘이 있다. 이것은 자신의 삶을 유익하게 할 뿐 아니라 주변 모든 사람들에게도 에너지를 주는 사람이 된다. 얼굴에 미소 지음이 자신의 기쁨을 증진시킬 뿐만 아니라 주변사람들의 기쁨도 촉진시킨다. 유쾌한 웃음이 실제로 몸속에서 질병에 대항하여 싸우는 면역체계를 강화시킨다는 것은 의학 연구로 검증되었다. 그리고 느낌이 표현에 영향을 미치는 것처럼 표현도 느낌에 영향을 미친다는 사실도 과학적으로 증명되었다.

탐욕이 많은 사람은 기쁘거나 행복하지 못하다. 탐욕보다는 자신이 하는 일을 즐긴다면 기쁨의 미소를 지을 수 있다. 천재는 노력하는 자를 이기지 못하고, 노력하는 자는 즐기는 자를 이기지 못한다고 한다. 자기 일을 즐길 능력이 없으면 인생도 즐길 능력이 없을 것이다.

어려운 상황에 부딪쳤을 때 자신의 주변에 있는 사람들의 감정을 알고 슬퍼하는 사람과 함께 슬퍼하고, 기뻐하는 사람과 함께 기뻐해야 한다. 기쁨은 자기 자신보다는 다른 사람에게 초점을 두는 데서도 온다. 다른 사람에게 격려의 말, 진실한 말, 은혜로운 말, 소망의 말을 함으로써 말하는 사람이나 듣는 상대방이 모두 다 기쁨과 소망과 행복을 누릴 수 있다. 아름다움의 현상은 외모에 있지만 아름다움의 본질은 외모가 아니라 말에 있다.

리더를 지지하라

걱정을 피할 수 있는 방법 중의 하나는 자신이 완전히 책임질 수 있는 관할구역에 대해 분명히 정하고 그 책임을 지키는데 달렸다. 많은 경우 자신이 동료나 리더보다 책임을 더 잘 감당할 수 있다고 생각을 하기도 한다. 그러나 다른 사람의 책임을 자신이 짊어지면 질수록 개인적인 기쁨에 방해가 되는 근심을 더 많이 얻게 된다. 따라서 동료와 리더를 지지하는 것으로 신뢰를 보여 주는 것이 좋다.

조직에서 리더의 태도는 글이나 말, 얼굴 표정, 몸짓, 그리고 그가 행하는 노력을 통해 여러 가지 모양으로 영향을 준다. 리더가 임무를 지시하면서 그 일에 확신을 보여 주지 않는다면 실망하고 걱정스러울 수 있다. 그렇지만 리더를 신뢰할 수 있든지 할 수 없든지 리더가 주어진 책임을 감당할 수 있도록 지지해 주어야 걱정을 줄이고 기쁨을 누릴 수 있다.

시련을 도약의 발판 삼아 큰 그림을 그려라

행복이란 마음과 육체의 욕구가 충족되어 부족함이 없는 상태라고 한다. 사람들은 행복이 멀리 있다고 생각하고 그것이 얼른 잡히지 않는다고 말한다. 그들은 고난과 역경은 피하고 행복과 편안함만을 선택하고 싶어 할 것이다. 하지만 불행을 느껴 보지 못한 사람들은 행복조차 느낄 수 없다. 역경을 참고 이겨 낸 경험이 없는 사람들에게 주어진 성공이나 승리는 그렇게 큰 기쁨이 되지 못한다.

시련은 경우에 따라서 기쁨을 위한 도약의 발판이 될 수 있다. 적당한 시련과 고통이 때로는 인류 생존에 필요한 기능을 하기도 한다. 이는 공포가 위협에서 피하도록 방어 역할을 하는 것과 같다. 미꾸라지 양식장에 메기나 가물치를 넣어야 미꾸라지가 잘 자라는 것이나 양떼들 사이에 염소를 넣어 두어 양들이 운동할 수 있게 하는 이치와 같다.

자연환경도 어떤 날은 폭풍의 구름이 어둡게 하지만, 때가 되면 해가 다시 길을 밝게 비추어 주는 것같이 품성은 어려운 상황에서도 미래의 큰 그림을 그리면서 기쁨을 갖고 긍정적으로 생각하며 이겨낼 때 계발된다. 나쁜 경험과 어려운 상황 속에서도 긍정적인 이유를 파악하면 희망을 갖고 기쁨을 유지할 수 있다. '왜 좋은 사람에게 나쁜 일이 생기는가?'라고 질문하면 '더 좋은 사람을 만들기 위함'이라고 한다. 성경에 '현재의 고난은 장차 나타날 영광과 족히 비교할 수 없다'고 교훈하고 있다. 일인장락(一忍長樂 : 어려움을 참고 이겨내면 오래도록 즐거움을 누린다)이라고 한다. 행복해지기 위해서는 어려운 상황에서도 기쁨의 미소를 짓겠다는 마음가짐이 중요하다.

1. 기쁨은 기분 나쁜 상태에도 좋은 태도를 보이는 것이다.

2. 행복해지기 위해서는 어려운 상황에서도 기쁨의 미소를 짓는 것이 좋다.

3. 기뻐하는 사람은 어려운 환경에 자신의 초점을 맞추지 않고, 그 환경을 뛰어넘는다.

4. 항상 기쁨을 유지하는 것은 쉬운 것 같으면서도 쉽지가 않다.

5. 삶이 불행으로 가득 차 있어도 기뻐하는 사람은 불행 중에서도 격려를 받는다.

6. 진정한 기쁨은 물질적 조건에 있지 않다.

7. 다른 사람에 의해서 강제로 변화된다면 자기 연민에 빠질 수 있다.

8. 변화를 긍정적으로 받아들여야 일에 대한 기쁨을 느끼고 창의적인 발상이 나온다.

9. 적당한 시련과 고통이 때로는 인류 생존에 필요한 기능을 한다.

10. 희망 차고 즐거운 음악을 듣는 것이 삶에 기쁨과 활기를 준다.

바늘 같은 깃털에 감사하는 호저돼지

2. 받은 혜택을 표현하는 감사

감사는 겸손하게 보이는 품성 자질로 상대방에게 빚을 졌다는 사실을 표현하는 태도다. 또한 상대방이 베푼 친절함이나 혜택 등을 되돌려 보내는 은혜의 표현이다. 교만하지 않고 항상 감사하도록 습관화하는 것은 매우 중요하다.

감사의 바른 품성 자가진단

나는 감사의 바른 품성을 지닌 사람인가?

다음의 문항들은 감사의 바른 품성을 자가진단하는 데 절대적인 기준은 아니지만 적합한 진단내용이라고 생각한다.

각각의 문항에 대해서 매우 잘 알고, 매우 잘 실행하고 습관화되

어 있다면 'ㅇ'에, 보통 이하라고 판단되면 '△'에 체크한다. '△'에 체크된 항목 즉 자신이 부족한 부분을 집중적으로 계발하고, 다시 진단하여 변화된 상태를 점검하고, 모든 문항에 대해서 'ㅇ'에 체크될 때까지 훈련하는 기회로 삼자.

감사 진단시트

NO	진단 내용	진단 ㅇ	진단 △
1	나는 도움을 받았다는 사실을 말과 행동으로 표현을 잘한다.		
2	나는 타오르는 욕망을 스스로 절제할 수 있다.		
3	나는 내게 주어진 것과 내 주변에서 일어나는 모든 일에 항상 감사한다.		
4	나는 부모님이 나의 잘못을 훈계할 때도 감사한다.		
5	나는 칭찬을 받을 때 나의 공로가 아닌 타인의 도움이 있었다는 것을 인정한다.		
6	나는 타인이 불평하며 요구하는 것도 감사하는 마음으로 수용한다.		
7	나는 내가 받은 선물이나 혜택이 주어졌을 때 잘 사용한다.		
8	나는 불공평하게 보일지라도 원망과 시비를 걸지 않고 감사한다.		
9	나는 주어진 모든 고난과 시련도 꿈을 이루는 과정으로 생각하고 감사한다.		
10	나는 주어진 일이 작고 보잘것없어도 불평하지 않고 감사하는 마음으로 최선을 다한다.		

감사의 바른 품성계발과 실행가이드

내적인 것을 소중히 하라

감사는 긍정적인 결과를 유인할 수 있도록 도와주는 긍정적인 감정이다. 물질적인 것을 받았을 때 자연스럽게 감사하는 것이 외적 감사라면 노력, 존경, 마음과 같이 눈에 보이지 않는 정신적인 것은 내적 감사라 할 수 있다. 사람들은 가끔 정신적인 내적 혜택을 받았을 때는 이를 등한시하는 경우가 있다. 하지만 내적 혜택은 눈에 보이는 선물보다 더 귀할 수 있다. 수고하지 않고도 얻을 수 있는 것을 당연하게 여기는 것이 아니라 감사하는 품성을 가졌을 때 삶은 더욱 풍성해진다.

예를 들면 "나와 특별한 인연을 맺은 가족, 친구, 지인 그리고 다양한 사람들을 통해 삶의 다양함을 배울 수 있어 감사하다. IT기술의 발달로 전세계 사람들과 SNS Social Network System 로 서로 소식을 전달할 수 있어 감사하다. 하늘과 푸른 숲과 산, 물을 바라볼 때 청결한 마음을 배울 수 있어 감사하다. 무공해 유기농 싱싱한 채소를 먹을 수 있어 감사하다. 사계절의 변화를 즐겁게 볼 수 있어 감사하다. 오늘 하루도 건강하게 살아서 감사하다" 등 감사할 일이 다양하며 무한하다. 이렇게 자신에게 주어진 모든 것과 주변에서 일어나는 모든 일에 감사할 때 즐겁고 행복해진다.

나는 조그마한 농장을 가지고 있다. 처음에는 작물을 재배할 줄

몰라서 고구마만 심었지만, 지금은 고구마 외에 계절에 따라 상추, 고추, 오이, 토마토, 참외, 열무, 배추, 무, 옥수수, 딸기 등 10가지 이상의 작물을 재배한다. 아내와 함께 싱싱한 유기농 먹을거리를 밭에서 수확해서 바로 먹을 수 있는 것에 항상 감사하고 있다. 요즘 아내는 샐러드 소스를 개발하여 밭에서 재배한 상추, 토마토 등의 야채로 샐러드를 만들어 지인들에게 시식하게 한 뒤 '맛있다'는 평가를 받으면서 너무나 행복해한다.

그리고 사람들에게 놀러오라고 전화하면서 즐거워하는 모습을 바라보는 나 역시 행복하다. 이렇게 지인들과 함께 나누어 먹을 수 있다는 것이 얼마나 행복하고 감사한가. 앞으로는 더 많은 지인들에게 나누기 위해 재배 면적을 늘릴 예정이다.

감사는 삶을 바람직한 방향으로 유도할 수 있는 힘과 에너지가 있다. 감사의 마음은 힘과 연결되어 있기 때문에 감사를 많이 하면 힘을 더 많이 사용할 수 있다. 감사하는 사람이 성공할 확률이 높다. 감사하는 마음은 긍정적인 감정을 지속시킴으로서 바람직한 것을 받으려는 경향이 있기 때문이다.

상대방의 공을 표현하라

많은 사람들이 자신이 받은 혜택에 대해서 감사를 느끼지만, 이를 인정하는 마음을 표현하지 못하는 경우가 있다. 나도 한때는 감사하다는 생각을 하면서도 감사하다는 말을 잘 표현하지 못했다. 내

향적인 성격 때문이기도 하지만 "마음으로 감사하면 되지 꼭 말로 표현을 해야 하는가" 하는 생각이 더 컸던 것이다. 그래서 가장 가까이 있는 아내가 섭섭해 하며 관계가 어긋나는 경우도 있었다.

지금까지 아내는 나를 위로하고 용기를 주기도 하는 등 어려움과 고통의 시간을 함께해 왔다. 이러한 아내의 공을 진정으로 깨닫고, 아내가 준 혜택에 대해서 감사하는 마음을 인정했다. 그리고 아내가 나의 삶에 깊은 의미가 있으며 마음의 빚을 졌다는 마음을 말로 표현하니 아내와의 관계가 점점 더 좋아지고 아내에 대한 관심이 더욱 깊어졌다.

진정으로 감사하는 사람들은 자신을 끊임없이 지원하는 가족과 동료들, 자신의 삶과 일에 관계하는 사람들이 베풀어 준 혜택과 배려 등을 깨닫고 감사를 표현한다. 또한 그들을 인정하는 마음을 표현하기 위해 의도적으로 노력한다.

감사 표현은 타인을 위한 것이지 다른 사람들에게 되돌려 받기 위한 것이 아니다. 다른 사람들에게 표현된 감사는 상대방에게 믿음을 주고 관심을 전달한다. 또한 스스로도 바른 품성을 가질 수 있게 한다.

감사 표현 방법은 적절한 시기와 때를 맞추어서 친절한 말과 행위, 선물, 감사의 글, 혹은 간단히 "고맙습니다"라고 말하는 것이다. 이밖에도 인터넷, 문자 메시지, 메일, 페이스북 등 SNS을 통해서 공개적으로 감사할 수 있다. 공개적으로 사람들에게 알려질 때 감사를 받는 사람들에게는 격려가 되겠지만, 감사 대상자를 실수로 빠뜨

리게 되면 누락된 사람의 마음에 상처를 줄 수 있다. 따라서 공개적
으로 감사를 할 경우 감사 대상자를 빠뜨리지 않도록 미리 준비하
는 주의가 필요하다.

환경과 상황을 극복하라

우연한 기회에 자신이 처한 어려운 환경을 모두 감사하며 살았던
마쓰시타 기업의 창립자인 마쓰시타 고노스케의 삶을 알게 되었다.
그는 일찍 고아가 되었다. 선천적으로 약하게 태어났고 초등학교도
졸업하지 못한 그는 자신의 환경과 상황을 불평하지 않고 오히려
감사했다.

"어려서 부모를 잃고 가난했기에 일찍 철이 들어 많은 경험을 할
수 있었다. 건강하지 못해서 항상 건강에 주의하였기에 건강하게 90
세 이상 살 수 있었다. 초등학교도 졸업하지 못했기 때문에 모든 만
물을 스승으로 삼아 평생 배움에 정진하였다"고 했다. 그의 이야기
를 들은 순간 나는 행운을 가지고 태어났으며, 가진 것이 많다는 생
각을 하게 되었다.

같은 일을 놓고도 어떤 시각에서 어떻게 해석을 하느냐에 따라
감사할 수도 있고, 원망할 수도 있다. 어떤 것을 선택하고 어떤 행동
을 하느냐는 순전히 자신의 몫이다. 매사에 불평스러운 시각을 가지
고, 원망스러움이나 좌절감으로 해석하면 불만, 원망, 좌절감이 몇
배로 커진다. 건강에도 나쁜 영향을 미치게 된다. 모든 일을 감사하

는 마음으로 잘 찾아보고 해석하면 그 감정도 두 배로 풍요로워지고 감사할 일만 가득하게 된다.

나는 지난날 한때 감사보다는 불평과 불만을 더 많이 하면서 살았다. 대학원을 졸업한 후 28세의 젊은 나이에 대학 전임교수로 재직하면서 학생들을 가르치는 것이 매우 즐거웠으며 하는 일마다 잘 풀려나갔다. 그리고 프랑스로 유학을 가서 산업용 로봇공학을 배우고 모든 것이 잘 될 것이라는 기대를 갖고 귀국하였다.

그런데 새로운 직장생활이 기대했던 대로 되지 않는다고 매우 불안해하고 불행하다고 생각하면서 주변의 조건과 환경에 불평하기 시작했다. 불평하면 할수록 정신적으로 점점 더 불행한 일이 이어졌다. 우울증 같은 심적 어려움과 압박감으로 허리에 심한 통증을 오랫동안 겪었고, 급기야는 순간적으로 정신을 잃고 쓰러져 병원에서 진료도 받았다. 그 뒤 더욱 더 쇠약해진 마음상태가 모든 일에 불평과 불만을 하는 태도로 나타나 결국 나에게 혜택을 준 연구소도 그만두게 되었다. 오랜 세월이 지난 지금 그때를 생각하면 '왜 감사하다는 마음을 갖지 못했는가?' 싶어 그 시절 교만했던 마음과 태도가 매우 부끄럽다.

시련을 극복하라

감사하는 사람은 고난과 시련이 꿈을 이루는 하나의 과정으로 생각하고, 지금 주어진 모든 시련을 잘 극복한다. 감사함으로 고난과 장애를 극복한 유명한 두 과학자의 성공한 사례가 있다.

　세종대왕 시대에 기생의 아들로 태어난 장영실은 자신의 낮은 신분으로 인해 일하는 데 많은 어려움을 겪어야만 했다. 그럼에도 불구하고 그가 물시계, 해시계, 측우기 등 많은 것을 발명할 수 있었다. 그것은 타고난 재능과 더불어 어떤 환경에도 만족하고, 자신에게 은혜를 베풀어 준 세종대왕과 그밖의 도움을 준 사람들에게 보답하고자 하는 감사의 마음이 있었기에 가능했다.

　미국의 발명왕 에디슨은 가난하고 어렸을 때 질병으로 청각장애까지 있었지만, 300여 개의 발명품을 만들었다. 그는 자신의 환경과 상황을 원망하거나 불평하지 않고 언제나 감사하기 위해 노력했다. 그는 "청각장애가 발명에만 집중할 수 있게 했다"며 장애조차도 기회라고 생각했다. 감사의 삶을 사는 에디슨에게 청각장애의 어려움은 오히려 고난이 아니라 창의성을 더욱 발휘할 수 있게 한 것이다.

　시련과 혼란, 아픔과 갈등 없이 좋은 성과를 기대할 수 없다. 고난과 실패를 또 다른 성공의 기회로 받아들이는 적극적인 감사의 품성이야말로 진정한 행복이 무엇인지를 아는 사람의 태도다. 어려운 시기나 상황에서도 감사를 표하면 그 감사는 한층 더 돋보인다. 감사하는 사람은 불공평함에 대해 불평하거나 자기 자신을 측은히 여기지 않는다. 어떤 현상에 대해서 감사하는 마음을 지속적으로 유지하고 감사하는 마음을 갖자. 자신에게 준 어려움보다는 오히려 가진 것에 만족하고, 받은 혜택을 생각하는 마음가짐으로 감사하자.

부모님을 자랑스럽게 생각하라

미국의 16대 링컨 대통령의 아버지는 제화공이었다. 그 시절 국회의 원들은 명문 집안도 아니고 신분이 낮은 제화공 아들이 대통령에 당선된 것을 못마땅하게 생각했다. 링컨이 취임 연설을 하기 위해 국회에 도착했을 때 대통령의 약점 찾기에 혈안이 돼 있었던 한 국회의원이 빈정거리는 태도로 이렇게 말했다.

"당신의 아버지는 한때 내 구두를 만드는 사람이었소. 이곳에 있는 의원들 중 상당수가 당신의 아버지가 만든 구두를 신고 있소. 그런 형편없는 집안에서 대통령에 당선된 사람은 처음일 거요."

이 말에 링컨 대통령은 조금도 불쾌한 감정을 나타내지 않고 오히려 미소를 지었다. 그는 부모님을 매우 자랑스럽게 여기며 자신 있게 말했다.

"취임연설 전에 아버지를 기억나게 하셔서 감사합니다. 제 아버지는 '구두를 만드는 예술가'였습니다. 혹시 아버지가 만든 구두에 문제가 생기면 제게 즉시 말씀해 주십시오. 제가 잘 수선해 드리지요."

열다섯 번이나 되는 시련과 고난이 있었음에도 불구하고 그가 대통령이 되었던 것은 부모로부터 품성교육을 잘 받았으며, 부모에 대한 감사한 마음이 항상 있었기 때문이다.

몇 년 전 문중의 어르신들과 단체로 여수 세계 엑스포에 구경을 가게 되었을 때 고령의 어머니는 "나는 잘 걷지 못해 다른 사람들에게 폐가 되니 안 가겠다"고 하셨다. 우리 부부는 엑스포 구경보다는 연로하신 부모님과 언제 또 이런 여행 기회를 가질 수 있을까 싶었다. 그래서 어머니 보고 "어머니, 휠체어 타면 되시니 걱정 마세요"라고 했더니 매우 좋아하셨다.

엑스포에서 휠체어를 빌려 어머니를 모시고 다니는데 휠체어를 탄 사람을 우선순위로 입장시켜 주는 혜택을 주어 줘서 기다리지 않고 우리 부부도 어머니 덕분에 편안하게 구경을 할 수 있었다. 또한 휠체어를 끄는 모습을 본 문중 어르신들께서도 "아들 며느리 잘 두었다"며 생각지도 못했던 칭찬까지 듣는 기쁨도 있었다.

부모님의 헌신적인 사랑을 자녀들은 너무나 당연하게 생각하는 경우가 있다. 그런데 부모님은 평생 갚아도 모자랄 정도로 감사를 받을 만한 자격이 있다. 10년 전 부모님의 결혼 60주년 회혼식을 친척들과 부모님의 지인들을 초청하여 야외에서 했다. 흔히 있는 행사가 아니어서 그런지 많은 분들이 참석해 하루를 즐겁게 보냈다. 부모님이 좋아하시는 모습이 너무나 행복해 보였다.

지금까지 많은 어려움이 있었음에도 불구하고 60년을 건강하게 잘 지내시고, 후손들도 다 무탈하여 회혼식을 할 수 있었던 것이 다 부모님의 노력과 헌신적 사랑 덕분이라는 것을 느낄 수 있었다. 그러한 삶을 사신 부모님께 감사드렸다. 올해 결혼 70주년이 되시는데도 불구하고 두 분 모두 건강한 일상생활을 하시니 너무나 감사하다.

일상생활에서 부모님에 대한 감사를 다양하게 표현할 수 있다. 자주 찾아뵈는 것은 물론 그밖에도 부모님의 희생에 존경을 표하고 가르쳐 주신 것을 지키는 것, 감사하는 얼굴표정을 보이는 것도 감사의 표현이다.

또한 부모님의 생일, 결혼기념 등 특별한 날을 기억하고 축하하며, 부모님을 기쁘게 할 수 있도록 최선을 다한다. 다른 사람이 칭찬하면 모든 것이 다 부모님 덕분이라고 부모님께 공을 돌린다. 그리고 부모님과 함께 있는 것을 자랑스럽게 생각하며, 자신의 부모님을 어떤 장소에서, 누구에게 소개하든 존중하고 당당하게 받아들일 수 있는 것도 부모님에게 감사하는 것이다.

상호 감사하라

나는 프랑스 유학시절 잘 알게 된 프랑스 사람에게 "왜 직장에 다니느냐?"고 질문했더니. "일할 수 있는 일자리가 있기 때문이죠"라고 했다. 그는 돈을 벌기 위해서 직장에 다니는 것보다 일할 수 있는 곳이 있다는 것을 매우 감사하게 생각했다.

사원들 입장에서 경영자가 없다면 일자리가 없어 자신과 가족들을 위한 생계의 수단이 없다. 따라서 일자리가 있다는 사실은 매우 소중하다. 그러므로 자신이 가지고 있는 능력을 최대한 발휘하고 생산성을 높이며, 더 많은 가치를 창출하겠다는 각오로 자기계발을 꾸준히 하고 창의성을 가지고 열심히 일하는 것이 경영자에 대한 진정한 감사의 태도다.

반면에 회사는 사원들이 만든 생산품 덕분에 알려지고 운영된다.

사원이 없다면 경영자는 자기의 계획을 이행할 수 있는 인적자원이 없을 것이다. 회사의 성공과 수익은 사원들에게 달렸다고 해도 과언이 아니다. 경영자는 항상 사원의 복지와 근무조건을 개선하기 위해 투자하는 것이 사원에 대한 경영자의 진정한 감사의 태도다. 또한 모든 사원들의 이면에는 잘 알려지지 않은 노력과 경험, 도전, 기회 등이 있다. 그리고 삶의 중요한 부분을 차지하는 배우자와 가족의 희생도 있다. 그들도 회사의 성공을 위해 헌신하는 사람들로서 깊은 감사와 칭찬을 받을 수 있다.

경영자와 사원간의 건강한 관계를 만들어 주는 상호 감사는 회사의 성공에 필수적인 요인이다. 노사가 서로 감사한 마음으로 묵묵히 열심히 일하는 일터에는 사고가 없고, 생산성이 향상되고 밝고 생기가 넘칠 것이다.

물건을 잘 간수하라

감사는 사람들과의 관계에만 제한된 것인가?

현장에서 생산 설비를 철저하게 청소하는 것도 감사의 태도다. 현장을 지도하는 컨설턴트들은 "설비 생산성을 향상시키는 가장 기본이 되는 방법은 설비를 청소하는 것부터 시작한다"고 설명한다. 그 이유는 설비를 청소하는 것은 단순히 설비를 깨끗하게 하는 것 이외에 설비의 노후화를 방지하고 설비의 수명을 연장한다. 뿐만 아니라 설비 상태를 점검하고 결함을 발견하여 제품불량과 돌발고장이 발생하기 전에 대책을 세움으로써 불량과 고장을 미연에 방지할 수 있기 때문이다.

현장에서 제공된 장비를 조심성 있게 사용한 후 잘 보관해 두는 것도 감사하는 태도다. 장비는 임무를 완성하도록 돕는 도구다. 장비뿐만 아니라 자신에게 주어진 물건을 스스로 잘 간수하겠다는 마음가짐이 감사하는 태도다. 누가 어떤 선물을 하거나 혜택을 주었을 때는 잘 사용하라는 의도에서 준 것이므로 잘 사용하는 것도 감사의 표현이다.

감사의 품성 핵심 포인트

1. 감사는 다른 사람이 나의 삶에 어떻게 혜택을 주었는지 말과 행동으로 표현하는 것이다.
2. 평생 갚아도 모자랄 정도로 감사를 받을 만한 자격이 있는 사람들이 있다.
3. 감사는 삶을 바람직한 방향으로 유도할 수 있는 에너지가 있다.
4. 감사는 내가 누리는 모든 것이 나의 공로가 아닌 타인의 공이라는 것을 인정하는 태도다.
5. 감사하는 것은 환경에 달려 있지 않다.
6. 노사 간의 상호 감사는 회사의 성장에 필수 요인이다.
7. 감사하면 모든 것이 아름답고 행복해지고 즐겁게 된다.
8. 제공된 물건을 조심성 있게 사용한 후 잘 보관해 두는 것도 감사하는 태도다.
9. 감사는 노력, 존경, 마음과 같이 눈에 보이지 않는 정신적인 것도 포함한다.
10. 고객의 요구에 감사를 표현하면 더 좋은 결과를 기대할 수 있다.

수천 킬로를 헤엄치는 열정의 고래 지느러미

3. 열심, 성취를 향한 최선의 노력

열심이란 가치 있는 일에 최선의 노력을 다함으로서 기쁨과 행복을 느끼는 것이다. 어떤 일도 열심이 없이 성취되는 것은 없다. 열심히 일하는 습관은 좌절하지 않고 항상 성취하는 기쁨을 유지하도록 한다. 열심의 품성을 계발하여 가치를 더 향상시키자.

열심의 바른 품성 자가진단

나는 열심의 품성을 지닌 사람인가?

다음의 문항들은 열심이란 품성을 자가진단하는 데 절대적인 기준은 아니지만 적합한 진단내용이라고 생각한다.

각각의 문항에 대해서 매우 잘 알고, 매우 잘 실행하고 습관화되

어 있다면 'O'에, 보통 이하라고 판단되면 '△'에 체크한다. '△'에 체크된 항목 즉 자신이 부족한 부분을 집중적으로 계발하고, 다시 진단하여 변화된 상태를 점검하고, 모든 문항에 대해서 'O'에 체크될 때까지 훈련하는 기회로 삼자.

열심 진단시트

NO	진 단 내 용	진단	
		O	△
1	나는 무엇이 좋은지를 알고 어떻게 해야 하는지 생각하며 일한다.		
2	나는 항상 목표와 계획을 세우고 일한다.		
3	나는 모든 것을 잘하기보다 내가 가치 있게 여기는 것에 최고가 되고자 한다.		
4	나는 다른 사람에게 영감과 에너지를 주는 편이다.		
5	나는 작은 일도 소홀히 하지 않고 열심히 하는 것이 습관화되었다.		
6	나는 어떤 일을 계획하는 단계에서 항상 흥분과 기대감에 차 있다.		
7	나는 주어진 과제에 대해 항상 '좀 더 좋은 방법은 없을까?' 하고 생각한다.		
8	나는 다른 사람들의 경험을 통해서 많은 것을 배우고자 한다.		
9	나는 항상 가치가 있는 일을 찾아서 효율성 있게 일하고자 한다.		
10	나는 좋아하는 일보다 잘할 수 있는 일을 택한다.		

열심의 바른 품성계발과 실행가이드

이룰 수 있는 방법을 생각하라

열심히 일하는 사람들은 문제를 해결하려고 할 때 부정적인 것보다는 긍정적인 것에 집중한다. 그들은 "할 수 있다, 하면 된다, 해보자, 해야 한다"라는 긍정적 사고방식으로 목표를 설정하고 계획을 세워 실천하면서 실패할 것을 생각하지 않는다. 그들은 일의 첫 단계부터 성공하기로 작정한다. 그러기 위해서는 "이 일이 이루어질 수 있을까" 하는 부정적인 의문보다는 차라리 "어떻게 이 일을 이룰 수 있게 할까?" 하는 긍정적인 질문을 해야 실행할 수 있는 아이디어와 방법이 나올 수 있다고 생각한다.

열심히 노력해서 성공한 유명한 사람들은 '할 수 있다'고 생각하기 때문에 무엇인가 할 수 있지만, '할 수 없다'고 생각하는 사람들은 그 생각 때문에 아무것도 할 수 없다고 말한다.

아내는 새로운 변화를 매우 좋아한다. 그래서 다른 사람들로부터 "말도 안 돼", "꿈꾸고 있어", "동화 속에서 살고 있는 것 같아"라는 말을 들을 때가 많다. 나 자신도 그런 말을 할 때가 있다. 아내는 열심히 하고자 하는 사고를 평소에 지니고 있기에 어떤 일이든지 난관에 부딪히면 '어떻게 하나?' 하는 고민보다는 그것을 '어떻게 할까?' 하는 긍정적인 생각을 먼저 한다.

그래서인지 다른 사람들에게는 어려워 보이는 것도 힘들이지 않고, 문제를 쉽게 푸는 것 같다. 또한 자신이 하고 싶은 것이 있으면 언젠가는 결국 자신이 원하는 것을 이루고 만다. 지금 살고 있는 산골의 집도 어떤 사람들은 '산 속에서 무서워 어떻게 살아?'라고 했다. 그러나 아내는 결혼한 뒤 살고 싶었던 곳을 기회가 있을 때마다 말하더니 결국 스마트 폰과 인터넷도 잘 안 되는 산골짜기 언덕 위에 집을 짓고 이사를 오게 되었다. 결혼 30여 년 만에 살고 싶었던 장소에서 살게 되었다고 행복해 한다. 지금도 필요한 가구를 직접 만들어 보겠다고 목공을 배워 야외 식탁 두 개를 뚝딱 만들고는 매우 만족해한다.

컨설팅 현장에서 사람들을 만나다 보면 변화에 대해 적응하고자 하는 긍정적인 생각을 가지고 신나게 열심히 일하는 사람들보다 부정적인 생각을 하는 사람들을 많이 만난다. 부정적인 생각을 가진 사람들은 변화에 대한 두려움과 고정관념을 가지고 있다. "전에 해 보았는데 안 되었다, 전문가도 못한다고 했다, 여기서 20년간 근무한 내가 누구보다도 현장을 잘 안다"는 등 할 수 없다는 이유만 말하면서 저항한다. 그들은 바쁘다는 핑계를 대면서 은근히 변화를 원하지 않은 것 같았다.

반면에 긍정적인 생각을 가진 사람들은 스피드 시대에 변화는 선택이 아니고 필수라고 생각한다. 새로운 것에 대한 저항과 두려움이 없다. 변화를 이룰 수 있는 유연한 방법을 생각하면서 새로운 것을 즐겁게 받아들인다.

잘할 수 있는 것을 즐겨라

아내는 음식 만드는 것을 매우 좋아한다. 호기심이 많아 끊임없이 새로운 것을 열정적으로 만들어낸다. 자신이 좋아하는 것을 실행하고 만족하며 행복해하는 것이다. 프랑스 유학시절 아내는 요리를 배우고 싶어 했지만, 필자의 고정관념 때문에 뜻을 이루지 못했다. 아내는 한국에서 불문학을 전공했는데, 프랑스에서 다른 전공을 한다는 것은 바람직하지 못하다고 권면했다.

그 당시 아내가 불문학보다는 요리하기를 좋아하고 잘할 수 있을 거라고 생각하지 못했다. 그러나 요즘 아내가 음식을 만들면서 좋아하고 열심히 하며 행복해하는 모습을 보면서 아내가 원하는 전공을 하지 못하게 한 것이 내심 미안하고 후회스럽다.

나는 딸들이 유학을 떠나기 전에 두 가지를 주문했다. 하나는 너희들이 좋아하는 것이 무엇이고, 그것을 잘할 수 있는지 생각해 보라고 권했다. 그리고 또 하나는 프랑스에서 잘되고 있는 새로운 학문을 찾아서 그것을 전공으로 선택하는 것이 미래를 위해서 바람직하다고 했다.

큰딸 지은이가 국제경제문화교류를 전공으로 하겠다고 했을 때 내심 걱정도 되었지만 열심히 해보라고 했다. 큰딸은 자신이 잘할 수 있는 것을 찾아서 공부하니까 힘든 상황에서도 즐기며 끝까지 이루어내려고 노력했다. 학부에서 전공한 경영학에 문화예술을 접목해서 새로운 학문 형태로 만들어가는 모습을 보면서 걱정도 되었지만, 한편 마음이 뿌듯했다. 작은딸 예은이도 적성에 맞는 미술 분야 중에 잘할 수 있는 것을 전공으로 택해서 공부해 그곳 교수나 친구들한테 매우 열심히 하는 학생으로 좋은 평을 받는 것 같았다.

어떤 일을 하는 것이 바람직한가. '좋아하고 잘할 수 있는 일'을 하는 것이다. 그런데 '좋아하지 않지만 잘할 수 있는 일'과 '좋아하지만 잘할 수 없는 일'이 있다면 어떤 일을 선택하는 것이 좋을까. 좋아하는 것을 해야 열심히 한다고 한다. 맞는 말이다. 그러나 좋아하지만 잘하지 못한다면 열심히 하는 것은 낭비로서 악순환이 될 수 있다. 잘할 수 있는 일을 해야 성과가 있어 일한 보람도 있기 때문에 더 열심히 할 수 있는 선순환이 될 것이다.

나는 어린 시절에 가정형편이 어려워서 가지고 놀고 싶은 장난감을 가질 수가 없었다. 다행히 만들기를 좋아해 초등학교 시절에는 딱지, 연, 팽이, 썰매, 장난감 등 모든 것을 직접 만들었다. 중고등학교 때는 책상, 의자 심지어는 스케이트 등도 직접 만들었다. 지금 생각해 보면 만들기를 좋아해서 여러 가지를 만들었지만, 잘 만들지 못했다.

대학 진학도 주변 사람들의 권유로 취업도 잘되고 경제적으로 안정된 삶을 살 수 있다고 해서 시류에 따라 전기공학을 택했다. 흥미가 있는지, 잘할 수 있는지도 판단하지 않고 말이다. 그리고 대학원에서 제어공학, 프랑스유학에는 산업용로봇공학을 전공했다.

전기공학은 잘할 수 있었지만 하고 싶었던 것은 아니었다. 하지만 해야 된다는 의무감과 인내심으로 열심히 했으나 생각대로 되지 않아 박사학위까지 하는데 좌절과 스트레스 등 어려움이 많았다. 아마도 지금 하고 있는 일을 전공으로 택했다면 즐겁게 공부했으며, 매우 잘할 수 있었을 것이라는 아쉬움이 있다.

전공과 직업을 택할 때 시대의 흐름도 중요하다. 하지만 더 중요한 것은 자신이 하고 싶은 것과 잘할 수 있는 것이 무엇인지 잘 알고 선택해야 그 일에서 기쁨을 얻으며 행복해질 수 있다. 즐기지 않거나 열정 없이 일할 때 성공하는 예는 거의 없다. 어떤 분야에서 가장 성공한 사람들은 의무감으로 일하기보다 일을 즐기는 열정을 통해 이루어진 경우가 대부분이다.

품성 포상으로 동기를 부여하라

어떤 일을 열심히 하기 위해서는 동기가 유발되어야 한다. 동기 부여가 되면 자신이 그 일을 잘하면 무엇이 좋은지 알고 어떻게 해야할지 생각하며 일 자체에서 얻어지는 즐거움이나 일에 대한 사명감을 느낀다. 일의 성과로 인해 얻게 되는 물질적인 포상이 따르기도한다. 사람들은 대부분 물질적 포상에 의해 동기부여를 더 잘 받는다고 생각하지만 그것은 일시적이다.

포상에 의한 동기는 자신이 원하는 것을 얻는 경우 더 이상 잘해야 하는 이유를 잃거나 포상이 없을 경우 중단하는 부작용도 있을 수 있다. 이러한 부작용을 막기 위해서는 성과보다는 성과를 내게 한 품성을 찾아서 품성 포상을 해야 지속적인 성과를 기대할 수 있다. 실질적으로 품성의 변화를 통해 동기를 부여받아 일하는 사람들은 일에 흥미를 느껴 일을 더 잘하며 훨씬 집중력이 높고 실수도 적게 일어난다.

교훈과 경험을 서로 배워라

시간과 돈을 사용할 때 어느 것에 가치를 두는가에 따라 투자가 될 수도 있고, 소비가 될 수도 있으며, 낭비가 될 수도 있다. 나는 지식을 얻기 위해서 배움에 시간과 돈을 사용하는 것은 무엇보다도 현명하고 가치가 있는 투자라고 생각한다. 지식은 강의시간을 통해서 배울 수도 있고 자신이 겪은 시행착오의 경험을 통해서도 배울 수 있다. 하지만 인생의 모든 것을 강의나 자신의 경험만으로 배울 수는 없다.

나는 현장의 지식경영은 현장 사람들이 스스로 가르치고 배우면서 서로 성장하자는 교학상장(敎學相長)을 통해서 달성하는 것이 실제적인 효과가 있음을 경험했다. 현장 사원들에게 생산활동이나 업무 중에 '왜, 어째서' 등 의문이 나는 것에 대해 일정한 양식을 갖춘 시트에 적어서 질문하게 하는 의문점 리스트를 작성하게 했다. 그리고 시트에 작성된 간단한 의문점에 대해서는 질문 내용을 잘 알고 있는 선배 사원이나 관리자가 직접 가르쳐 주도록 했다. 서로 가르쳐 주고 배우게 한 효과로 인해 현장의 지식 수준이 향상되고, 서로 친밀감도 갖게 되었다. 사실 다른 사람들의 경험을 통해 배우는 것이 현실적으로 더 현명한 일이다.

목적과 목표를 정하고 에너지를 집중하라

아무리 능력과 지혜를 짜서 열심히 노력한다 해도 목적과 목표를 설정하지 않으면 힘이 한곳에 집중되지 않고 분산되어 힘을 잃게 된다. 목적과 목표가 있어야 벡터(vector, 크기와 방향을 동시에 나타내는 물리량)의 방향이 한 방향이 되고 그것을 합쳤을 때 크기가 커지며 성과가 나올 수 있다. 그러나 벡터의 방향이 한 방향이 아니고 여러 방향으로 분산되었을 때 합하면 오히려 크기가 작아질 수 있다.

나는 컨설팅 프로젝트를 추진할 때마다 준비하고 도입하는 단계에서 전사원을 대상으로 컨설팅 테마, 목적, 목표, 효과, 일정 등에 관해서 교육을 실시해 컨설팅 프로젝트를 이해시키고자 했다. 특히, 전사원이 한 방향을 지향하는 목적의식을 가질 수 있도록 컨설팅 목적과 목표에 대해서 구체적으로 충분히 설명했다. 그 이유는 전사원이 목적을 알면 프로젝트를 왜 해야 하는지, 무엇을 열심히 해야 하는지, 그리고 무엇을 하지 말아야 할지를 명확하게 알고 가치가 있는 일을 찾아서 열심히 할 수 있다고 판단했기 때문이다.

사람들은 대부분 열정이 있더라도 열심히 하는 것이 자주 바뀔 수 있다. 그런 사람들은 뚜렷한 목적과 목표가 없기 때문에 바쁘기는 하지만 뚜렷한 결과를 만들어내지 못한다. 목적은 꼭 필요한 활동(가치)과 그렇지 않은 활동(낭비)을 평가하는 기준이 되므로 뚜렷한 목적만큼 힘이 되는 것은 없다. 이 같은 목적은 열정을 낳기 때문에 목적을 아는 것은 삶에 의미를 부여해 준다. 인간은 삶에 의미를 갖고 살도록 만들어졌다. 삶의 의미가 있다면 모든 것을 견딜 수 있다. 하지만 삶의 의미가 없으면 그 어떤 것도 참을 수 없다. 목적이 있고 초점이 맞춰진 인생만큼 강력한 것은 없다. 그리고 목적을 알면 선택적으로 살 수 있기 때문에 삶이 단순해지고 삶의 동기가 유발된다. 그리고 노력과 에너지를 중요한 것에 집중하고, 모든 것을 효율적으로 하게 되어 효과도 얻을 수 있다.

목표란 미래에 어떤 목적을 이루고자 하는 결과로 달성 가능한 것이다. '호랑이를 그리려다 고양이를 그리는 것이 고양이를 그리려다 못 그리는 것보다는 낫다'고 한다. 성취할 수 있는 것보다 더 큰 목표를 정하고 에너지를 모아서 도전할 필요가 있다. 그러면 지금까지 계획한 것보다 더 큰 성공을 이룰 수 있다.

60여 년 전 도요타 자동차의 임원 오노 씨가 미국의 거대한 자동차 회사와 경쟁해서 이기기 위한 목표로 시작한 활동으로 '상식을 초월하는 자주적인 개선활동'이 있다. 이 활동은 목표를 높게 설정하는 '꿈이 있는 자주적인 개선활동'이라고 한다. 이 활동은 도요타 자동차를 세계 최고의 자동차 회사로 성장시키는 기반이 되었다.

영감과 에너지를 주는 사람이 되라

에너지를 주는 사람이란 자신의 말과 행동과 태도로 인해 다른 사람이 접촉하기만 해도 격려가 되는 사람이다. 리더가 과제를 줄 때 사용하는 말이 상대방에게 힘이 될 수도 있고 감정을 상하게 할 수도 있다. 예를 들어, "이것 좀 해와" 하고 거친 목소리로 말한다면 지시 및 요구를 표현하는 것이다. 반면에 "이것을 하는데 좀 도와줄 수 있겠어?" 혹은 "지난번에 도와주어서 많은 도움이 됐는데 이번에도 좀 도와 줄 수 있겠어?"라는 말은 감사와 팀워크의 의미를 담은 힘이 되는 방식이다.

나는 현장 사람들에게 에너지를 주는 역할을 하기 위해 과제를 부가할 때 항상 현장 사람들의 입장을 고려했다. 그들 스스로 생각하고 실행할 수 있는 방법과 방향을 찾아서 쉽게 과제를 달성할 수 있어야 그들이 일에 대한 보람을 느낄 수 있다고 판단했기 때문이다. 그리고 달성 성과를 전체 사원 앞에서 발표할 수 있는 기회도 주었다. 또한 단계별로 더 높은 수준의 과제를 주어 도전하게 하고 그것을 해결함으로써 자아실현과 성취감을 맛보는 경험도 할 수 있게 했다.

항상 변화해야 한다고 말하지만, 사실 마음속으로 변화를 원치 않는 사람은 에너지를 받아야 할 사람이다. 특히 회사에 장기 근속하면서 회사의 발전에 나름대로 기여한 직원일수록 변화에 대한 저항이 크다. 그들은 지금까지 잘해왔는데 새로운 것을 시행하다가 실패할 수 있다는 두려움과 염려를 한다. 더 이상 새로운 것을 할 수 있는 에너지가 거의 없기 때문이다. 이럴 경우에는 그들에게 에너지가 고갈되었다고 보고, 에너지를 재충전해 주는 새로운 동기를 부여해줌으로써 이전의 열정을 되찾게 할 수 있도록 해야 한다.

작은 일도 충실히 하라

사람이 큰 돌에 걸려 넘어지는 일은 거의 없다. 대부분 하찮게 여겼던 작은 돌에 걸려 넘어진다. 대부분의 사람들은 큰 일을 맡게 되면 열심히 하겠다고 생각하고 작은 일은 소홀히 하는 경향이 있다. 그러나 작은 일도 잘하지 못하면서 큰 일만 잘하는 사람은 없다. 회사의 작은 일을 소홀히 하여 해를 주는 사람은 큰 일도 소홀히 하여 해를 더 줄 수 있기 때문에 작은 일도 충실하게 해내지 못하는 사람에게 큰 일이 주어지지는 않는다.

비정규직 잡부로 입사한 찰스 스웹(Charles Swab : 카네기 철강회사의 후계자)은 거대한 철강회사에서 잡부들이 하는 환경청소 등 사소한 일을 담당했다. 그는 사소한 일을 담당하면서도 자신이 이 회사의 주인이라는 생각을 갖고 성공적인 미래의 자기 모습을 그렸다. 그리고 매일 회사를 자기 집처럼, 마치 자기가 주인처럼 공장의 구석구석을 정리정돈하고 깨끗이 청소했다. 그는 학벌은 없었지만 꾸준한 자기계발과 주인의식으로 회사에서 신뢰를 얻어 명문대 최고 학벌의 다른 경쟁자들을 물리치고 그 회사의 후계자가 되었다.

작은 일에 세심한 배려와 인내를 하고 성실하게 해내는 사람은 큰 일도 열정을 가지고 있기 때문에 더 큰 일이 주어지는 것은 당연한 이치이다. 열심히 하는 사람은 일의 크기를 따지지 않고 충실히 하는 습관이 되어 있는 사람이다.

1. 열심이란 가치 있는 일에 최선의 노력을 다함으로서 기쁨을 느끼는 것이다.
2. 어떤 일을 열심히 한다는 것은 좋아하는 일을 하거나 동기가 유발되었을 때다.
3. 열심히 일하기 위해서는 적극적 자세와 신뢰가 필요하다.
4. 좋아하는 일보다 잘할 수 있는 일을 하는 것이 더 열심히 할 수 있다.
5. 좋은 동기는 일 자체에서 즐거움과 사명감을 느끼는 것이다.
6. 일을 열심히 하는 것도 중요하지만, 가치가 있는 올바른 일을 잘하는 것이 더 중요하다.
7. 목적은 꼭 필요한 활동과 그렇지 않은 활동을 평가하는 기준이 된다.
8. 리더는 에너지를 주는 사람으로서 역할을 잘하여야 한다.
9. 다른 사람들의 경험을 통해 배우는 것은 현명한 일이다.
10. 작은 일을 잘해야 큰 일도 잘할 수 있다.

3장

정리정돈, 경계심의 품성

효율과 준비

삶에 최대로 필요한 것은 정리정돈과 준비를 철저하게 잘함으로
서 사고를 예방하고 낭비를 배제하며 가치를 극대화하는 것이다.
정리정돈과 경계심의 품성을 지닌 사람은 사고를 미연에 방지하고
효율적으로 가치를 향상시키는 생활을 한다.

식량저장을 위해 정리정돈하는 다람쥐

1. 효율 향상을 위한 정리정돈

정리정돈은 단정한 것 이상으로 효율성의 밑거름이다. 정리정돈은 실제로 실행하는 일이며, 계속 유지해야 하는 일상생활에서의 자기 훈련이다. 정리정돈을 계발하고 생활에 적용하여 깨끗하고 효율성 있는 삶을 살자.

정리정돈의 바른 품성 자가진단

나는 정리정돈을 잘하는 바른 품성을 지닌 사람인가?

다음의 문항들은 정리정돈의 바른 품성을 자가진단하는 데 절대적인 기준은 아니지만 적합한 내용이라고 생각한다.

각각의 문항에 대해서 매우 잘 알고, 매우 잘 실행하고 습관화되

어 있다면 'o'에, 보통 이하라고 판단되면 '△'에 체크한다. '△'에 체크된 항목 즉 자신이 부족한 부분을 집중적으로 계발하고, 다시 진단하여 변화된 상태를 점검하여, 모든 문항에 대해서 'o'에 체크될 때까지 훈련하는 기회로 삼자.

정리정돈 진단시트

NO	진 단 내 용	진단	
		o	△
1	나는 주변 환경을 잘 관리하여 필요할 때 필요한 것을 쉽게 사용할 수 있도록 한다.		
2	나는 항상 정해진 시간에 정한 일에 집중을 매우 잘한다.		
3	나는 일하는 과정에서 마무리까지 일하는 공간을 항상 깨끗하고 말끔하게 한다.		
4	나는 물건을 용도에 따라 제자리에 놓아 사용하기 편리하도록 한다.		
5	나는 현상을 쉽게 파악할 수 있도록 일의 특성을 살려 종류별로 관리한다.		
6	나는 서랍과 서류철의 사용 용도를 정하고 책상의 내용물을 쉽게 알 수 있게 한다.		
7	나는 일의 순서 등에 대해 이해를 철저히 하고 일한다.		
8	나는 약속을 잊지 않고 잘 지키며, 과제 등을 제 시간에 제출한다.		
9	나는 먼저 처리해야 할 일과 관련 있는 것들을 제외하고 나머지는 치운다.		
10	나는 항상 정리정돈을 하면서 일한다.		

정리정돈의 바른 품성계발과 실행가이드

최대 효율을 얻도록 하라

나는 컨설팅이나 교육을 할 때 일에는 가치를 창출하는 일과 가치를 내지 못하는 불필요한 일, 그리고 손해 보는 일이 있다는 것을 늘 강조한다. '이 일은 반드시 필요한가? 의미가 있는가?' 생각해서 불필요한 일을 제거하지 않으면 쓸데없는 일을 하게 된다. 이로 인해서 효율이 떨어져 일의 질도 낮아진다는 것을 인식하도록 설명한다.

효율을 얻기 위해서는 조직의 질서를 지켜야 한다. 하지만 조직의 질서가 때로는 효율을 저하시키기도 한다. 효율이 높다는 것은 항상 가장 빠른 결과를 얻는 것이 아니라, 속도와 비용 등을 가능한 최대로 결합함으로 얻는 개념이다. 수식적으로 효율은(산출/투입) 100(%)으로 표현할 수 있다. 여기서 투입은 속도와 돈, 시간 등이며, 산출은 효과 또는 성과 등이다.

정리정돈이 되어 있지 않으면 필요한 것을 찾기 위해서 불필요한 움직임이 많아져 일과 시간이 낭비되고, 그로 인해 일의 효율이 떨어진다.

시간은 무상으로 주어지는 것으로 가장 값있는 자원 중 하나다. 현장에서 작업자들이 일하는 동안 운반, 이동 등 물건을 찾기 위해 시간을 소모한다. 최대의 효율을 얻는 방법을 찾기 위해서는 자신의 주변을 정리정돈하는 시간은 절대적으로 필요하다. 그로 인해 얻는 효율은 그 이상 몇 배의 가치가 있다. 정리정돈은 최대 효율을 얻는 데 가치가 있기 때문에 이를 잘하기 위해 보내는 시간은 헛된 시간이 아니다.

필요한 것을 정해진 장소에 보관하라

정리정돈은 불필요한 물건과 일(낭비)을 제거함으로서 일의 질(가치)을 향상시키는 데 열중하게 하므로 단정히 하는 것 이상이다. 또한 일정한 장소에서 주어진 일을 성취하도록 하는 것이며, 정해진 장소에서 더 효율적으로 일할 수 있도록 하는 것이다. 그렇게 하기 위한 방법으로 자신과 주변 환경에서 불필요한 것을 제거하고 필요한 것을 정해진 장소에 보관하는 것이다.

사실 정리정돈이 되어 있지 않았을 때 사람들은 작업에 꼭 필요한 것들을 찾느라 불필요한 이동을 하거나 같은 동작을 반복하여 육체적, 정신적 스트레스를 받으며, 많은 시간과 노력을 낭비한다. 모든 물건의 위치를 쉽게 알 수 있도록 표시하고, 사용 후 항상 그 자리에 보관할 수 있다면 일하는 동안 필요한 물품을 쉽게 사용할 수 있을 것이다.

가장 잘된 정리정돈은 눈으로 보아 알 수 있게 관리하는 것이다. 즉 누구라도 쉽게 현상을 파악하고, 필요한 것을 즉시 사용할 수 있게 하는 것이다. 그렇게 하기 위해서는 어디에 둘지 장소를 정하고, 무엇을 둘지 물품 표시를 한다. 그리고 얼만큼 둘지 양을 표시해 지정하는 보관방법을 개선하고 표준화하는 기술이 필요하다.

예를 들어 반복되는 작업과정을 위해서 연장을 사용해야 한다면 사용 빈도와 종류, 크기, 형태, 무게 등을 고려하여 보관 위치를 표시한다. 그 다음 사용에 편리한 순서대로 필요한 양만큼 연장을 보관하면 필요한 연장을 즉시 사용할 수 있다.

정리정돈이 제대로 안 되는 가장 큰 이유는 '우선 여기에 두었다가 나중에 치우자'는 게으른 생각 때문이다. 나중에 다시 옮겨 놓으려면 지금 바로 처리하는 것보다 더 많은 에너지를 쓰게 되고 더 큰 불편을 준다. 물건을 정해진 장소에 두지 않고 다른 곳에 두면 지금 당장은 시간을 절약할 수 있다. 하지만 나중에 그 물건이 있는 위치를 모르기 때문에 그 물건을 찾는 데 더 많은 시간을 낭비하게 된다. 정리정돈을 잘하기 위해서는 보관방법 등도 개선해야 한다.

정리정돈이 잘되어 있으면 일하는데 필요한 것을 찾는 시간을 벌기 때문에 작업능률이 향상된다. 따라서 작업자들이 같은 시간에 더 많은 가치를 창출할 수 있다.

포용력과 균형을 지켜라

정리정돈은 자연적으로 이루어지지 않는다. 새로운 물건을 구입해서 처음에는 매우 소중하게 관리하지만, 시간이 지남에 따라서 관리가 되지 않아 결국 무질서하게 되는 경향이 있다.

정리정돈은 즉시 보이지 않는 품성 중의 하나로, 사람마다 품성을 계발하는 환경이 다르다. 사람들은 각자 성장 배경과 교육방식에 따라 정리정돈하는 습관을 갖기도 하지만, 반대로 어지럽고 혼란스럽게 하는 무질서한 습관을 갖기도 한다. 사람마다 정리정돈을 하는 방법이 다를 수 있다.

작은딸이 자기 방을 정리정돈하지 않아 우리 부부가 매우 힘들어한 적이 있다. 우리 부부는 여러 가지 방법으로 작은딸의 습관을 고쳐 보려고 했다. 하지만 작은딸은 "내가 말하는 방법으로 정리정돈하면 나중에 찾을 수가 없어 오히려 스트레스를 받는다"고 했다. 그래서 결국 손을 들고 말았다.

다행히 자신이 하는 작품이나 서류는 먼지 하나 없이 깨끗이 보관한다. 얼마 전 내가 하라고 한 대로 정리정돈을 하는 것이 더 좋은 것 같아서 시도해 보는데 쉽지 않다고 하면서 계속 노력하고 있다고 말했다. 오랫동안 참고 기회가 있을 때마다 정리정돈 방법에 대해서 이야기를 해준 결과가 이제 나타나는 것 같다.

정리정돈을 잘하지 못한다고 무시하거나 비난하기보다는 잘할 수 있도록 방법을 가르치고 훈련하도록 도와준다면 결국은 스스로 깨닫고 실천하려고 노력할 것이다. 그렇게 하기까지 포용력을 가지고 기다려 주며, 균형을 지키는 것이 좋다.

사무실도 단정히 하라

여러 가지 서랍과 서류철의 사용 용도를 정하고, 책상서랍의 내용물을 쉽게 파악할 수 있게 정리정돈하면 자신도 업무를 처리하는 데 좋고 누구라도 필요한 서류를 손쉽게 찾을 수 있어 부재시에 다른 사람이 업무를 대신해 줄 수 있다. 어떤 사물이 정리정돈되어 있지 않으면 정신건강에도 해로우며 생각의 흐름에도 방해가 된다. 항상 잘 정리정돈된 서랍은 정신적인 부담감을 크게 줄어들게 한다.

책상서랍 등에 물건이 마구잡이로 놓여 있는 것을 볼 때마다 책상서랍은 물건을 쑤셔 넣는 장소가 아니라, 정리정돈을 할 수 있는 보관 장소라는 것을 강조한다.

정리정돈을 유지하는 비결은 일하면서 수시로 정리정돈하는 것이다. 어떤 서류를 찾다가 정리정돈이 안 된 다른 서류를 발견하면 즉시 멈추고 그것을 정리정돈해야 한다. 이렇게 하는 것이 나중에 정리정돈하는 시간을 많이 절약해 준다. 물건뿐만 아니라 인사구조, 회의계획 등의 보이지 않는 부분에도 정리정돈의 습관을 적용하면 효율을 극대화시킬 수 있다. 정리정돈이 되지 못한 습관은 혼란을 초래하게 하여 효과적인 업무의 수행을 방해한다.

항상 단정히 정리정돈해서 필요할 때 서류를 곧 바로 찾을 수 있다면 귀중한 시간 손실을 예방할 수 있다.

충족감을 체험하라

정리정돈은 일하는 공간을 일하는 과정부터 마무리까지 깨끗하고 말끔히 하겠다는 사고방식이다. 일하는 곳이 어지럽게 흐트러져 있으면 머리가 복잡하고 혼란스러워 쓸데없는 생각으로 마음속의 평정을 빼앗아 안정되지 못하고 불안한 상태로 생활하게 한다. 직업 또는 개인의 취향에 따라 다를 수 있지만 외관의 불결함이나 단정치 못한 차림은 그 사람의 미흡한 태도를 상대방에게 전달할 수 있다.

일하는 곳이 지저분하거나 단정하지 못하면 그 사람의 마음 또한 단정하지 못하다는 느낌을 주는 경향이 있다. 그러나 일터가 잘 정리정돈되고 그 사람의 옷차림이 단정하면 품위 있고, 깨끗하고, 창의적인 에너지가 느껴진다. 또한 정리정돈이 잘되어 있으면 마음의 안정감을 찾아 편안함을 느끼게 되어 어떤 일이든지 효율적으로 잘하게 된다. 정리정돈을 하는 것은 효율 향상뿐만 아니라 하나의 충족감을 체험하는 것이다. 정리정돈이 잘 되어 있을 때 마음에 즐거움을 느낀다.

1. 정리정돈은 최대 효율을 얻기 위하여 자신과 주변 환경을 관리하는 것이다.
2. 정리정돈이 잘되어 있으면 편안함을 느끼게 되어 어떤 일이든지 잘하게 된다.
3. 정리정돈은 일하는 과정에서 마무리까지 일하는 공간을 깨끗하게 하는 것이다.
4. 정리정돈은 단정한 것 이상으로 사용하기 편리하도록 하는 것이다.
5. 인사구조, 회의계획 등 보이지 않는 부분도 정리정돈을 하면 효율이 향상된다.
6. 정리정돈하는 훈련을 하려면 포용력과 균형을 지키며 추진해야 한다.
7. 정리정돈을 잘하기 위해서는 보관 장소를 개선할 필요가 있다.
8. 정리정돈은 불필요한 일을 제거하고 일의 질을 향상시키는 데 기여한다.
9. 정리정돈은 최대의 효율을 얻도록 사용한 물건을 원래 자리에 갖다 놓는
   습관이다.
10. 정리정돈을 하는 시간은 시간을 헛되게 보내는 것이 아니다.

경계심으로 약탈자의 공격을 예견하는 꿩

2. 나쁜 일이 발생하지 않도록 예방하는 경계심

유명한 의사는 병을 잘 치료하지만 훌륭한 의사는 병이 생기지 않도록 사전에 예방하는 의사라고 한다. 경계심이란 회사나 가정 등 주변에서 나쁜 일이 발생되지 않도록 하는 것이다. 일어난 사건에 잘 대처하는 것도 좋은 태도이지만 사건이 일어나지 않도록 사전에 예방하는 것이 더욱 바람직하고 훌륭한 태도가 아닌가?

경계심의 바른 품성 자가진단

나는 경계심의 바른 품성을 지닌 사람인가?

다음의 문항들은 경계심의 바른 품성을 자가진단하는 데 절대적인 기준은 아니지만 적합한 내용이라고 생각한다.

각각의 문항에 대해서 매우 잘 알고, 매우 잘 실행하고 습관화되어 있다면 'ㅇ'에, 보통 이하라고 판단되면 '△'에 체크한다. '△'에 체크된 항목 즉 자신이 부족한 부분을 집중적으로 계발하고, 다시 진단하여 변화된 상태를 점검하고, 모든 문항에 대해서 'ㅇ'에 체크될 때까지 훈련하는 기회로 삼자.

경계심 진단시트

NO	진단 내 용	진단	
		○	△
1	나는 주변에서 일어나고 있는 일들을 인지하고 분류하며 적합한 대책을 잘 세운다.		
2	나는 예방적 차원에서 사전관리를 매우 잘하는 편이다.		
3	나는 어떤 것이 나쁜 영향을 미칠 수 있다고 생각하면 당사자에게 알린다.		
4	나는 어떤 일을 착수하기 전에 준비하고 재검토하여 성공적으로 마무리한다.		
5	나는 눈앞에 많은 일이 있어도 한 번에 한 가지씩 해결해 나간다.		
6	나는 어떤 새로운 일을 계획하고 실행할 때 장애 등을 예상하고 대처한다.		
7	나는 우선순위를 잘 설정하기 위해 생각을 깊게 하고 중요도에 따라 일을 처리한다.		
8	나는 일할 때 불필요한 것을 최대한 배제하고 일의 효율을 높인다.		
9	나는 항상 일터에서 업무를 개선하면서 일한다.		
10	나는 시간의 가치와 사용방법을 매우 잘 아는 편이다.		

경계심의 바른 품성계발과 실행가이드

장애를 극복하라

장애는 목표나 생각에 반대하는 형태로 자주 나타난다. 다른 사람들의 반대가 성공을 가로막는 장애로 작용하여 저항에 직면하는 경우가 종종 있다. 따라서 어떤 새로운 일을 계획하고 실행할 때 방해, 저항 등의 장애가 있을 수 있다. 경계심을 가지고 적절하게 대처해야 한다.

개선과 혁신을 추진하는 현장에는 네 가지 유형의 사람들이 있다. '변화를 일으키면서 스스로 즐기는 사람들, 변화를 일으키는 사람을 기꺼이 지원하는 사람들, 변화에 무관심하고 지원하지도 않는 사람들, 독선적이고 고집스러우며 변화하는 것을 방해하고 저항하는 사람들'이다.

개선과 혁신을 수행하는데 가장 문제가 되는 사람은 당연히 변화에 무관심하고 지원하지도 않는 사람들과 독선적이고 고집스러우며 변화하는 것을 방해하고 저항하는 사람들이다. 이런 경우를 대비해서 사전에 경계심을 가지고 철저히 준비해야 한다.

나는 컨설팅할 때 방해나 저항 등의 장애를 예상하고 개선과 혁신에서 오는 유익을 교육과 워크숍 등을 통해서 충분히 설명하며 이해시킴으로써 방해나 저항 등의 장애를 사전에 극복하고자 했다. 경계심의 품성은 저항과 방해에 올바르게 대처함으로써 변화와 혁신을 성공적으로 달성할 수 있게 한다.

피해를 인식하라

최근 아파트의 층간 소음 문제가 심각한 사회문제화로 대두되고 있다. 심지어는 이웃 간에 싸움과 살인까지 하는 극단적인 가슴 아픈 사건도 있다. 경계심의 품성이 있다면 이웃 간에 친밀감과 신뢰감을 쌓을 수 있어 이런 사건을 미리 예방할 수 있다. 경계심의 품성은 나쁜 결과를 사전에 예방하는 것이다. 예를 들어 주위가 조용한 장소에서 시끄러운 기계를 돌리려고 할 경우 먼저 다른 사람에게 알려 양해를 구한다. 그래서 그들이 대비할 수 있도록 하거나 일의 진행상황을 다른 사람에게 알려 줌으로 그들이 경계심을 가질 수 있도록 돕는 것이다.

나와 아내는 아파트 단지 안에 거주할 때도 조용히 지내기를 좋아해서 생활에 약간 불편함과 경제적 가치를 고려하지 않고, 가장 깊숙한 위치에 있는 조용한 동을 택해서 살았다. 그러다가 급기야 산골에 들어와 외딴집에서 텃밭을 가꾸며 살고 있다. 어느 날 주변의 산 임자가 자기도 산에 들어와 살려고 한다면서 우선 정자를 짓겠다고 했다. 그는 정자를 짓는데 사용하는 도구들의 소음이 많아 조용히 살고 싶어 하는 우리에게 피해가 될 수 있다며 양해를 구했다. 나는 괜찮다고 편하게 일하라고 말했지만, 얼마나 조심하는지 모른다.

우리가 집에 없는 날이거나 집을 개선하기 위해서 공사하는 날 등의 일정들을 알려주었다. 그는 그 일정에 맞춰 아침 새벽부터 저녁 늦게까지 일했다. 이렇게 상대에게 피해를 주지 않도록 조심하고 상대에게 양해를 얻어서 일을 진행하니 서로 친밀감과 신뢰감이 생겼다. 이런 가정과 이웃하면서 함께 살면 참 좋겠다는 생각이 들었다.

사전에 영향을 생각하라

자신의 말과 행동이 다른 사람에게 어떻게 영향을 미치는지 사전에 잘 생각해 보는 신중함이 요구된다. 무엇이 잘못되었다고 인식할 때에만 의식적인 주의가 요구되는 것은 소 잃고 외양간을 고치는 격이 된다.

큰딸이 프랑스에 간지 얼마 되지 않아 매우 흥분한 목소리로 전화를 했다. 학교 식당에서 점심을 먹는데 어떤 여자가 무료로 주는 빵만 먹고 있어서 '아! 돈이 없어서 빵만 먹고 있구나!'라는 생각이 들어 주머니를 보니 마침 식권이 한 장 남아 있었단다. 큰딸은 "내일 점심은 어떻게 하지"라고 망설이다가 '다이어트 하지 뭐' 하고 생각을 하면서 그 여자에게 다가가서 식권을 주었다고 한다.

그 여자는 식권을 받으면서 힐끔 쳐다보고 "너 10유로 있으면 줄래?"라고 요구해서 "난 돈이 없는데"라고 하니 그냥 가더란다. 딸은 "어떻게 식권을 받고 고맙다는 말을 하기는커녕 돈까지 요구할 수 있는지 이해가 정말 안 가요"라고 말했다.

"정말 속상하고 황당했겠다"라는 위로의 말을 건네고 큰딸의 마음을 진정시켰다. 그리고 "왜 그 여자가 돈까지 요구했을까?" 하고 생각했다.

프랑스는 복지가 잘되어 있어서 개인이 어렵게 산다고 해도 국가에서 기본생활은 할 수 있도록 지원하고 있다. 그리고 개인의 인격과 삶을 존중해 주는 개인주의가 발달한 사회다. 다른 사람의 삶에 가능하면 관여하지 않는다. 겉으로 보기에는 다른 사람에게 무관심해 보일 수 있지만 서로의 인격과 삶을 존중해 준다는 의미로 받아들이는 것이 예의(불어로 에티켓)라고 생각한다. 그래서인지 내가 알고 있는 프랑스인들은 누군가에게 동정을 받는 것은 매우 수치스럽게 여기기에 도움을 청하기 전에 도움을 주지 않는다. 반면에 그들은 위급한 상황이거나 누가 도움을 청했을 때는 최선을 다해 돕는다.

큰딸과 나는 프랑스 문화에 대한 배경과 나의 경험을 충분히 이야기하면서 그 여자가 한 행동에 대해 이야기를 나누었다. 추측하건대 그녀의 생각은 "네가 돈이 얼마나 많기에 나에게 식권을 주냐. 그럼 나에게 돈도 줄래"라는 생각이 들었거나, "남에게 동정을 받지 않아도 무료로 주는 빵을 먹으면 되는데, 식권을 준 것이 자존심을 건드렸다"고 말했다. 결국 큰딸은 내가 한 이야기에 공감하면서 "앞으로는 다른 사람을 도와주는 것도 그 사람에게 어떤 의미인지, 어떤 영향을 주는지를 신중하게 생각해 봐야 할 것 같아요"라고 말했다.

사고를 미연에 방지하라

각종 안전사고 등 여러 가지 사건들은 눈에 잘 보이는 발생 현상이지만, 예방은 사건을 사전에 방지하기 때문에 여간 해서는 눈에 잘 보이지 않는다. 그렇지만 사전에 사고를 예방하고자 하는 생각으로 철저히 사전 대책을 세우면서 사는 습관을 들인다면 사고는 발생하지 않는다. 세월호 여객선이 침몰하는 대형사건도 관련자들이 사고를 미연에 방지한다는 경계심이 조금이라도 있었더라면 희생자는 한 사람도 없었을 것이다.

지금까지 병원하고는 거리가 멀었으며 누구보다도 건강하다고 자부하던 내가 몇 해 전 십이지장궤양, 식도염, 위염이라는 판정을 받은 후 연이어서 발생되는 두드러기, 변비 등 다른 질병에 시달렸다. 한 6개월간의 치료는 몸과 마음을 약하게 만들었다. 그로 인해 발생되는 치료비는 가정 경제까지 영향을 미쳤다.

아내는 몸이 조금만 이상하면 병원을 간다. "왜 그렇게 자주 가느냐"고 물으면 "무엇 때문에 이상이 있는지 정확하게 이유를 알면 마음이 편하고, 더 큰 병을 예방할 수 있지 않느냐"고 한다. 또한 아내는 치과에서 정기적인 검진을 하는데, 나는 어릴 때부터 치아가 튼튼하다고 생각해서 가능하면 치과에 가지 않았다. 철저하게 예방하는 아내는 나이보다 20년이 젊은 치아를 가졌다는 진단을 받았다. 나는 최근 치아가 약해져 병원에서 치료하는 비용과 시간이 그동안 병원에 다니면서 사전에 치아를 관리해 왔던 아내보다 훨씬 더 많이 필요했다.

　문제를 사전에 예방하는 것에 중점을 두는 사고방식은 비용과 시간 등의 노력이 적게 들고 더 효과적인데도 불구하고 예방관리보다는 사후관리를 더 많이 하고 있는 것이 현실이다. 경계심은 아프지 않기 위해서 병원에 가는 예방의학과 같다.

준비하고 재검토하라

기회는 긍정적 사고를 갖고 준비하고 계획하는 사람, 실행하는 사람, 잘 되는지 점검하고 조치하는 사람, 그리고 기다리는 사람에게 온다. '준비를 실패하는 것은 실패를 준비하는 것이다'라는 말이 있다. 경계심은 어떤 일을 착수하기 전에 준비하고 재검토하여 성공적으로 일을 마무리하는 것이다. 계획과 준비할 시간이 많을수록 일의 달성 효율과 효과는 높아진다. 모든 활동 프로그램도 미리 상당한 여유를 두고 계획하여 차근차근 준비한다면 무엇을 살피고 재검토해야 하는지 잘 알게 되므로 실행단계에서 돈과 시간 그리고 노력의 낭비를 사전에 막을 수가 있다. 그리고 프로그램을 효과적으로 마무리할 수 있다.

　아내는 지인들을 초대하고 음식을 만드는 것을 매우 좋아한다. 손님을 초대하면 그 손님이 무엇을 좋아하는지를 살펴본 후, 어떤 요리를 만들지 그 안에 들어가는 재료와 집에 있는 재료는 무엇인지를 파악하고 시장을 본다. 음식을 만들기 전에 재료별로 분류하는 준비를 잘해서 음식을 만드는 시간도 오래 걸리지 않는다. 또한 만드는 도중에도 설거지를 해가면서 하기 때문에 손님을 치르고 난 후 정리하는 시간이 적어 함께 차를 마시며 편안한 마음으로 마무리할 수 있다. 이처럼 아내는 음식을 장만하는 데 시간과 비용이 많이 들지 않아서인지 손님을 초대하는 것을 힘들어하지 않고 즐긴다.

음식을 만들 때 재료를 어떻게 배열하느냐에 따라서 걸리는 시간과 맛이 크게 달라지듯 생활의 모든 계획도 주어진 자원을 어떻게 배열하느냐에 따라 그 결과도 크게 달라진다. 생활을 잘 분석해 보면 비합리적인 사고와 비능률적인 생활태도와 행동으로 인해 귀중한 시간을 많이 낭비하는 것을 알 수 있다.

중요도에 따라 처리하라

경계심 있는 현명한 사람은 눈앞에 많은 일이 있어도 한 번에 한 가지씩 해결해 나갈 수 있는 우선순위를 설정하고 중요한 것에 집중하며 수행한다. 인지한 모든 필요에 전적으로 대처하려고 한다면 한가지 일도 제때에 끝내지 못할 수 있다. 한 번에 한 가지씩, 한번 잡은 일은 최단기간에 끝을 보는 것이 일의 효율을 높인다.

이것, 저것 여러 가지를 하다 보면 바쁜 상태에서 빠져나올 수 없다. 끊임없이 산만해지기 때문에 좋은 결과도 얻지 못한다. 뿐만 아니라 할 일이 점점 쌓여 시간도 부족하다. 해야 할 과제의 범위가 크다면 세분화시켜 하루 동안에 할 수 있는 분량으로 나누어 매일 계획대로 수행해 나가는 것이 현실적이다. 이것은 과중한 업무량에서 자신을 풀어 주고 다른 문제도 제때에 다룰 수 있는 여유를 가질 수 있게 한다.

대기업에서 임원으로 있다가 퇴직한 사람과 함께 중소기업을 컨설팅 적이 있다. 그는 전 직장에서 공장관리 경험이 많고 유능했던 분이었다. 그럼에도 불구하고 현장 사원들과 갈등이 빈번하게 일어나곤 했다. 나는 그와 함께 우선순위를 중요도에 따라서 설정하고 갈등과 산만함을 피하기 위하여 한 가지씩 단계적으로 계획을 세우고, 실행하고, 검토하고, 조치를 취하는 과정을 반복하면서 불필요한 일을 제거할 수 있게 했다. 특히 현장사원들과 갈등 없이 만성적으로 발생하는 여러 가지 어려운 문제들을 단계적으로 현재화하고 쉬운 것부터 하나씩 해결해가면서 컨설팅 프로젝트의 목표를 무리 없이 달성할 수 있었다.

얼마나 일을 하느냐보다는 필수적인 것을 얼마나 잘 분류하느냐가 중요하다. 개인생활이나 직장생활에서 가장 우선으로 해야 할 것은 급하고 중요한 일이 무엇인지 결정하는 것이다. 모든 일이 똑같이 중요하다고 생각하는 것은 비논리적이다. 모든 목표나 행동들이 똑같이 중요성과 가치를 가지고 있지 않다. 잘못 설정된 우선순위는 개인이나 단체에 시간과 물질적으로 많은 손해를 끼치게 한다.

그러나 잘 정한 우선순위에 따라 일을 처리하면 효율도 높이면서 성과도 있고 여유로운 시간을 만들 수 있다. 등고자비(登高自卑)란 말이 있다. 높은 곳에 오르려면 낮은 곳에서부터 오른다는 뜻으로 일을 순서대로 해야 함을 이르는 말이다. 올바른 순서에 따라 일을 집중하면 시간이 적게 들고 효율도 향상된다.

우선순위를 관리한다는 것은 중요도나 긴급성에 따라 최우선으로 할 일과 나중에 할 일을 분류하여 처리해 나가는 것이다. 긴급한 것과 중요한 것은 반드시 일치되는 것은 아니기 때문에 균형이 필요하다. 중요하지도 않은 갑작스런 방문이나 무의미한 접대 혹은 모임, 잡일 등 중요도가 낮은 일에 주의를 빼앗기지 말고 미래를 위한 인간관계 맺기, 자기계발 등에 주력할 수 있어야 한다.

긴급한 일과 상황에만 반응하고, 중요한 다른 것들은 자연스럽게 해결되기를 기대하면서 지나치는 태도는 위험하다. 이러한 사고유형은 습관으로 변해 경계심 갖는 것을 제한하고, 결국에는 잠재의식적으로 문제들을 지나쳐 버릴 수 있기 때문이다. 당장 급한 것에만 집중하여 정작 중요한 일은 하지 못하고 있지 않나 반성해 보자. 매일의 급한 일을 하지 못한다 하더라도 가정과 기업이 위태로워지지는 않는다. 그러나 중요한 일을 하지 못하면 가정과 기업은 위태로운 상황에 놓이게 된다는 것을 명심해야 한다.

주체적으로 개선하라

경쟁사회에서 현상 유지는 상대적으로 퇴보하고 경쟁에서 패배할 수 있다. 경쟁에서 승리하기 위해서는 일하면서 개선하고, 개선하면서 일하는 것이 원칙이다. 경계심이란 지켜보는 것뿐만 아니라 그 이상을 필요로 하는 것이다. 무엇을 지켜보는 것은 현상만 보는 것이지만, 경계심은 문제의식을 가지고 문제를 해결하고자 노력하는 것이다. 사람들은 문제의식을 가지고 도전적이고 창의적이며 혁신적으로 일을 수행할 때 더 큰 보람과 가치를 느낀다. 이러한 문제의식은 주체적인 의식을 가질 때 생기는 것으로 지시에 의해서 어쩔 수 없이 한다는 마음으로 업무에 대처한다면 문제의식은 높아질 수 없다.

경계심과 분별력은 서로 밀접한 관계가 있다. 경계심을 갖는다는 것은 이해를 한층 더 발전시켜 문제의 본질을 찾는 것으로 분별력이 있어야 한다. 즉 일터에서 과제를 수행하는 동안 경계심을 발휘하는 것은 노력과 자원을 최대한 줄이기 위한 과제수행 방법 등을 깊게 이해하고 개선하여 더 좋은 결과를 얻기 위해 주의를 기울이는 것이다.

개선은 본래의 상태로 되돌려 놓는 복원과는 차이가 있다. 예를 들어, 다른 곳에 놓여 있던 컴퓨터를 제자리에 다시 갖다 놓는 것은 복원이다. 그러나 현재 위치의 컴퓨터를 다른 위치에 설치함으로서 일하는데 더 좋은 효과가 있다면 개선이다. 현장 개선이란 현장에서 개개인이 자신의 역할에 집중하며 자기가 일하는 일터에서 경계심을 가지고 눈앞에 있는 업무 가운데 불필요, 불균형, 불합리한 것을 적출하여 최내한 배제하고 일의 능률과 효율을 높이는 활동을 말한다.

나는 집단교육이나 컨설팅을 할 때 변화와 혁신을 강력히 요구하는 스피드시대에서 이기기 위해서는 개선의 중요성을 강조하곤 한다. 즉, '더 쉽게 일할 수 있도록, 더 빨리 일할 수 있도록, 더 즐겁게 일할 수 있도록, 더 값싸게, 더 좋게, 더 효율적으로 일할 수 있게, 현재 완벽하게 보이는 방법이라도 얼마든지 새롭게 개선해 나갈 여지가 있다. 항상 일터 또는 업무를 개선하면서 일하는 것이 모이면 혁신이고 창조다'라고 하면서 문제의식을 가지고 개선을 생활화하여야 발전할 수 있다고 말한다.

시간을 잘 관리하라

시간과 사람, 물건, 돈 등을 잘 관리하는 것은 하나의 예술이다. 기업에서 생산관리, 인사관리, 판매관리, 재무관리, 자재관리, 품질관리 등 여러 가지 관리를 잘해야 가치를 낼 수 있다. 이러한 관리의 공통적인 핵심은 시간을 관리하는 것이다. 시간이 중요하다고 말하는 사람은 많다. 하지만 시간의 가치와 사용방법을 아는 사람은 드물다. 잘 알다시피 인생의 성공은 주어진 시간을 어떻게 잘 관리하느냐에 따라 결정된다고 해도 과언이 아니다.

대학원 시절 수원에 있는 대학에 강의를 나갔을 때 심한 폭우가 왔다. 폭우로 인해 철도가 훼손되어 1호선 전철 운행을 정상적으로 할 수 없다는 것을 알고 더 일찍 고속도로를 이용해서 정상적으로 강의시간에 맞춰 도착했다. 강의실에는 아무도 없었다. 어찌 된 영문인지를 몰라 당황하던 중 폭우로 인해 학교 전체가 임시휴강을 한다는 안내문을 보았다.

그때 나를 본 그 대학 교수님이 내가 온 것에 놀라면서 "어떻게 서울에서 올 수 있었느냐?"고 물었다. "고속도로로 왔지요"라고 대답했다. 그 교수님은 "폭우로 철도도 훼손되고 해서 당연히 휴강할 것으로 생각할 줄 알았는데, 연락드리지 못해서 미안하다"면서 무척 미안한 표정을 지었다. 그 당시는 지금과 같이 스마트폰 등의 통신수단이 발달되지 못했던 시대였다.

폭우로 전철이 다니지 않을 것은 예측했지만, 휴강이 될 수 있다는 것은 예측하지 못했다. 어떤 상황에서도 주어진 시간, 계획은 지켜야 한다는 생각을 하다 보니 폭우로 인해 강의가 휴강될 수 있다는 것을 예측하지 못하고 많은 시간을 낭비한 것이다.

일반적으로 바쁘다고 하는 본질적인 이유는 과다한 업무보다 일과 시간을 조절하는 기술이 부족한 원인이 크다. 하루 동안에 수행해야 하는 일들이 자주 바뀌는 사람은 표면상으로는 바쁘게 보이나 실질적인 성과는 낮다. 무리하게 일정을 계획하는 것 또한 예측 능력이 없는 사람으로 현실감이 부족한 사람이다. 시간을 잘 관리하는 것이 가치를 향상시키는 무엇보다도 중요한 경계심이다.

위험을 알려라

경계심 있는 사람은 위험한 일로부터 다른 사람들과 자신을 안전하게 지켜 준다. 가정이나 직장에서 경계심을 생활화함으로서 인명피해나 재산피해 등 사고를 미연에 방지하여 사기 저하를 막을 수 있다. 만약 어떤 일이 다른 사람에게 그릇된 영향을 미칠 수 있다고 생각한다면 이를 알려야 한다. 사고를 미연에 방지하기 위해서 항상 경계심을 가진다는 것은 회사와 동료들을 재해로부터 피할 수 있도록 노력하고 있다는 것이다. 한 회사는 사원들에게 잠재적인 위험에 대한 경계심과 위험에 대처하는 방법을 훈련시킨 결과 산재보상 비용이 80퍼센트 이상 감소되었다고 한다.

현장에서 잠재적인 위험들에 대해서 항상 경계심을 늦추지 않고 현장의 경고표지를 인식하고 조심하며 안전 수칙을 준수하는 것은 언제나 유익을 가져온다. 항상 위험을 경계하고 다른 사람에게 위험을 알리겠다는 마음가짐은 모든 상황에서 안전하도록 보호할 수 있게 할 것이다.

경계심의 품성 핵심 포인트

1. 경계심은 주변에서 일어나는 일과 상황에 대해 정확하게 파악하는 것이다.
2. 경계심은 아파서 병원에 가는 것보다 아프지 않기 위해 병원에 가는 것과 같다.
3. 예방은 사건을 사전에 방지하기에 눈에 보이지 않는다.
4. 경계심은 장애를 예상하고 올바르게 대처하는 것이다.
5. 경계심은 노력과 자원을 최대한 줄이고도 좋은 결과를 위해 주의를 기울이는 것이다.
6. 경계심은 평온하고 행복한 생활을 가져다 주는 데 기여한다.
7. 경계심은 일을 착수하기 전에 준비하고 재검토하여 성공적으로 마무리하게 한다.
8. 경계심은 문제의식을 가지고 문제를 해결하고자 노력하는 것이다.
9. 시간을 잘 관리하는 것도 경계심의 한 부분이다.
10. 경계심은 일의 중요도에 따라 처리한다.

4장

순종, 충성의 품성

상호 신뢰와 믿음

혼자 힘만으로는 어떤 일을 이룰 수 없으므로 일하는 데 다른 사람으로부터 신뢰를 얻는 것은 사랑을 받는 것보다 더 큰 가치가 있다. 순종과 충성의 품성을 지닌 사람은 항상 최선을 다하는 사람으로 다른 사람들에게서 믿음을 주는 사람으로 인정 받는다.

주인에게만 순종하는 진돗개

1. 지시를 기꺼이 수행하는 순종

순종이란 자신의 책임자가 원하는 것 또는 지시를 기꺼이 수행하는 것이다. 자기 고집이 강한 사람은 순종한다는 것이 쉬운 것 같으면서도 쉽지 않다. 어떻게 하는 것이 순종을 잘하는 것인지 계발하여 성공적인 사회생활을 하자.

순종의 바른 품성 자가진단

나는 순종의 바른 품성을 지닌 사람인가?

다음의 문항들은 순종의 바른 품성을 자가진단하는데 절대적인 기준은 아니지만, 적합한 내용이라고 생각한다.

각각의 문항에 대해서 매우 잘 알고, 매우 잘 실행하고 습관화되

어 있다면 'O'에, 보통 이하라고 판단되면 '△'에 체크한다. '△'에 체크된 항목 즉 자신이 부족한 부분을 집중적으로 계발하고, 다시 진단하여 변화된 상태를 점검하고, 모든 문항에 대해서 'O'에 체크될 때까지 훈련하는 기회로 삼자.

순종 진단시트

NO	진 단 내 용	진단	
		O	△
1	나는 책임자가 원하는 것을 즉시 기꺼이 수행한다.		
2	나는 건의를 받아들이지 않을지라도 불평하지 않고 결정에 순순히 따른다.		
3	나는 지시하는 일에 대하여 좋고 나쁨을 가리지 않고 공손하게 받아들인다.		
4	나는 과제 수행 시 방해물이 발견되면 책임자에게 계속 알려서 주지시킨다.		
5	나는 다른 사람들과 적극적으로 협력하여 바람직한 결과를 이루게 한다.		
6	나는 책임자가 성공할 수 있도록 스스로 과외의 일을 기꺼이 한다.		
7	나는 책임자가 말하지 않은 목표까지 달성하도록 일을 찾아서 한다.		
8	나는 싫어하는 일을 지시받을 때도 항상 유쾌한 태도를 보이면서 실행한다.		
9	나는 환경에 잘 적응하고 성장 발전이 누구보다도 빠른 편이다.		
10	나는 불순종하는 실수를 하지 않도록 주의한다.		

순종의 바른 품성계발과 실행가이드

항상 유쾌한 태도를 보여라

일찍이 공자는 "여러 사람이 있는 곳에서 화내거나 싸우지 말고 참아야 한다. 높은 지위에 있을 때 아랫사람들을 깔보거나 무시하지 말고 겸손해야 하며, 낮은 지위에 있을 때 윗사람에게 덤비거나 반항하지 말고 순종해야 한다"고 말했다. 그는 인내와 겸손 그리고 순종을 강조했다.

순종은 불평하지 않고 항상 유쾌한 태도를 보이는 마음가짐이다. 그런데 사람들은 책임자가 어떤 일을 지시할 때 그 명령에 대한 부적합성을 근거로 불순종을 정당화하거나 자신의 신념을 내세우기도 한다. 또한 책임자가 자신의 개인적인 스케줄이나 스타일에 맞지 않은 지시를 할 때도 자신의 불순종을 합리화하려고 한다.

컨설팅할 때 가끔 자신들에게 주어진 과제에 대해 불평하는 사원들을 만날 때마다 난감한 경우가 있었다. 그들은 '자신이 담당하고 있는 업무가 총무, 경리, 영업 또는 개발인데 생산부서가 중심이 되어서 하는 일에 왜 참여해야 하는지 모르겠다'면서 과제의 부적합성을 주장하기도 한다.

그들은 전사적으로 추진하는 컨설팅 과제를 업무가 아니라 과외의 일로 여기는 듯했다. 그리고 변화에 대한 두려움과 고정관념으로 인해 고집을 내세우면서 불순종을 합리화하려고 했다. "내가 왜 …

을 해야 하는지 납득이 되지 않아", "지금 잘되고 있는데, 해봐야 시간 낭비야", "그건 안 되는 일이야", "해보나마나 안 된다니까. 해본 사례가 없잖아", "이쯤에서 그만두는 것이 더 좋은데, 어디 우리만 해보았겠어." 불순종하는 태도는 이와 같이 주장하거나 저항하는 마음가짐으로 나타난다. 또한 책임자의 지시를 겉으로는 순응하면서도 마음속으로는 투덜거리며 불평할 수도 있다. 그러나 불순종하는 사람들은 주어진 과제에 대해 "좀 더 나은 방법은 없을까?" 하고 생각하기보다 지시받은 과제를 하지 않으면서 불평하거나 대충 대충하고 과제를 마치지 못한 것에 대해 변명하려 한다. 이 같은 불만이나 좌절의 내적 감정은 조직에서 모든 사람들에게 부정적인 분위기를 만든다.

온전하고 진정한 순종이란 개인적인 안락함을 기꺼이 희생하고 책임자가 성공하기를 바라는 즐거운 마음으로 과제를 완수하는 것으로 유유낙낙(唯唯諾諾 : 명령하는 말에 대하여 좋고 나쁨을 가리지 않고 공손하게 받아들인다는 뜻)하고 항상 유쾌한 태도를 보이면서 지시받은 일을 즉시 실행하겠다는 마음가짐을 갖는 것이다.

참된 순종의 목적은 책임자의 위치에 있는 사람이 성공할 수 있도록 일하는 것이다. 그가 말한 목표뿐만 아니라 말하지 않은 목표까지 달성할 수 있게 일을 찾아서 한다. 과제가 주어지는 것을 기다리는 것이 아니라 오히려 스스로 과제를 찾아 생각하고 일을 만든다. 다시 말해 자신에게 기대되는 모든 일을 바람직하게 끝맺겠다는 각오로 과외의 일까지 만들어 기꺼이 하겠다는 마음가짐이다.

책임자의 지시를 묻지도 말고 따지지도 말고 무조건적으로 따르는 것이 순종의 덕목이지만, 무조건적인 순종이 늘 좋은 것만은 아니다. 바른 순종은 그에서 받은 과제를 다시 보고 그가 요청하는 구체적 요구사항들이 무엇인지 발견하고, 목표와 이유를 이해하며, 목표를 완벽하게 달성할 수 있게 일을 수행하는 것이다.

이 같은 순종은 창조성과 자주성 모두를 북돋아 주기 때문에 순종하는 사람은 대체적으로 잘된다. 그는 환경에 잘 적응하고 성장 발전이 누구보다도 빠르다. 그리고 책임자에게 순종함을 통해서 많은 지도력의 기술들을 배우고 계발할 수 있는 기회를 갖는다. 또한 그가 무엇이 중요한지를 이해하고 보다 더 잘 할 수 있다는 능력이 증명되면 더 중요한 과제들을 처리할 수 있는 책임 있는 자리가 그에게 맡겨진다. 그는 그 자리에서 더 높은 수준의 과제를 수행하고 새로운 기술도 개발할 수 있는 기회가 있어 자신의 발전과 조직의 발전에도 기여한다.

고집을 꺾어라

순종하는 사람은 자신의 고집을 꺾고 책임자의 뜻을 존중하고 기쁘게 즉시 수행하는 사람이다. 책임자가 말하는 것을 무시하고 자기 의지에 따라 행하고자 하는 사람은 고집스러운 사람이다. 순종은 자기주장이 강한 사람이 타인의 말을 듣지 않음으로써 드러내는 외고집과 대조를 이룬다. 사람들은 아무리 능력이 있고 일을 잘

해도 겸손하지 못하고 자기고집을 세우는 사람들을 신뢰하거나 좋아하지 않는다. 고집은 바로 불순종이고 교만이다. 사회나 조직에서 자신의 뜻을 이루려면 고집을 부리는 것보다는 오히려 언제 어디서나 매사에 자신의 고집을 꺾고 순종하며 겸손한 사람이 되어야 한다. 물론 불의한 일에도 무조건 따르라는 것은 아니다.

가정에서 부모가 어떠한 삶을 살고 있는지를 바라보면서 자녀들이 자란다. 사회생활은 가정에서 부모가 할아버지 할머니와 그 밖의 웃어른들에게 순종하는 태도를 보면서 자연스럽게 시작된다. 오늘날 부정부패, 거짓과 불신, 폭력, 살인 등 여러 가지 사회문제의 본질은 가정의 권위자 즉 조부모, 부모 등의 어른들로부터 사랑, 성실, 절제, 순종하는 품성을 가정에서 제대로 교육받지 못한 결과라고 생각한다.

올해 결혼 70주년이 되는 고령의 부모님이 하시는 말씀 하나 하나는 단순하면서도 오랜 삶의 경험과 철학이 담겨 있다. 부모님은 종종 자식들에게 "학교 다닐 때는 공부 열심히 해야 되고, 성인이 되어서는 사회생활 잘해야 하며, 그리고 나이 먹어서는 건강관리를 잘하고 노후대책을 세우는 것이 효도다"라고 말씀하신다. 부모님도 자식들에게 부담이 되지 않도록 노후대책도 세우셨고, 농사철이면 들에서 일하시고 거기서 얻은 수확을 시장에 팔거나 자식들에게 주면서 건강한 생활을 하신다.

책임지는 노력을 하라

순종은 책임에 기본을 두고 있기 때문에 지시를 내리는 모든 사람들에게 순종해야 하는 것은 아니다. 업무에 대한 책임이 있는 사람에게 해야 한다. 책임자에게 순종함으로써 그의 역할과 책임 안에서 보호를 받게 된다. 부모들은 자기 자녀들에 대해, 선생님은 자신의 학생들에 대해, 사장은 사원들에 대해 자신의 지시를 따르는 사람들을 책임지고 보호할 의무가 있다.

컨설팅할 때 과제를 주고 점검해 보면 결과가 미흡한 사원도 있지만 기대 이상으로 과제를 스스로 알아서 잘 수행하는 사원도 있다. 후자는 '컨설턴트가 사장님을 대신해서 회사의 중요한 프로젝트를 수행하는 사람이라고 인식하고 컨설팅 과제를 사장님이 지시하는 과제다'라고 생각하며 책임감을 가지고 기꺼이 과제를 수행한 것이다. 실제로 컨설팅 과제는 사장님의 지시를 컨설턴트가 대신해서 수행하는 것으로 생각하는 것이 바람직한 태도다.

고용관계는 상호간 순종의 책임을 잘 보여 주고 있는 좋은 예다. 사원은 사장이 성공할 수 있도록 자신이 가지고 있는 자원인 시간, 노력, 기술 등을 제공하는 것에 동의하고, 사장은 사원의 급료, 근로조건 등 일할 수 있는 환경을 제공하고, 자신의 수익 등 사장이 가지고 있는 자원의 일부를 나누어 주기로 동의하는 것이 상호간 순종하는 것이다.

이런 상호간의 순종은 먼저 자신을 책임지고 있는 사람에게 순종하는 것이 우선이다. 그리고 책임자는 순종하는 사람들을 책임지고 보호할 의무가 있다. 모든 책임은 목적을 가지고 위임되기 때문에 책임자는 순종에 대해 헌신해야 한다. 책임자는 자기 수하에 있는 사람들의 최고의 이익을 찾고 살펴보는 등 가능한 모든 것을 다 하도록 노력하는 것이 책임자의 순종이다.

양해를 구하라

드물긴 하지만 경영자가 직원들에게 가끔 말을 신중하게 하지 않거나 임시방편으로 대처하면서 자신의 말에 책임도 지지 않는 행동을 하는 것을 볼 수 있다. 임시방편이라고는 하지만 경영자의 이러한 태도는 직원과의 신뢰 문제로 소통의 부재를 낳고, 더 나아가 그로 인해 불순종을 낳게 하는 원인이 될 수 있다. 경영자가 자신이 한 말에 스스로 책임도 지지 않고 순종하지 않으면 다른 사람이 그 말에 순종하기를 기대할 수 없다.

순종은 언제 어디서나 말을 신중하게 하고 그 말에 책임을 지는 것이다. 그러나 과거에 약속한 것을 수행하는 것이 오히려 이롭지 못하다는 것을 알게 되었을 때는 손해가 오더라도 자신이 약속한 것을 그대로 수행하거나 상대방에게 상황을 설명하고 양해를 구해 다른 방향으로 수행할 수도 있다. 이것은 자신의 말에 스스로 책임을 진다는 것을 상대에게 확신시켜 주는 것이다.

자신의 책임자를 알아라

조직에서 자신의 책임자가 누구이며 그들의 담당 권한이 무엇인지를 아는 것은 매우 중요하다. 자신의 책임자가 아닌 다른 사람의 지시를 따르는 것은 올바른 순종이라고 할 수 없기 때문이다. 만일 자신의 책임자가 아닌 어떤 사람이 지시를 내리면 자신의 해당 책임자에게 그 지시사항을 확인 받아 오도록 요구하는 것이 바람직하다. 조직은 명령체계를 통해서 일해야 바람직한 방향으로 이끌 수 있다.

반면에 자신의 책임 아래 있는 직원이 자신의 지시가 아닌 다른 부서의 책임자를 통해 과제를 수행해야 할 때가 있다. 이때 지시사항을 변경해야 할 경우 책임자는 먼저 과제를 부여한 다른 부서의 책임자에게 자신이 직접 변경사항을 협의한다. 그리고 변경된 지시사항은 자신의 직원이라 할지라도 처음 과제를 부여한 다른 부서의 책임자가 직접 과제를 수행해야 할 직원에게 지시해야 여러 단계의 명령체계 안에서 발생할 수 있는 혼란을 방지할 수 있다. 또한 과제 수행자가 지시된 과제를 올바르게 수행할 수 있어 순종에 대한 불명예도 예방할 수 있다.

예의 바르게 건의하라

일하는 과정에서 때로는 더 잘하기 위해 건의의 필요성을 느낄 수 있다. 이때 순종의 품성을 행하는 것은 예의 바르게 건의하는 것이다. 건의는 협력하는 마음으로 결정권이 있는 사람에게 직접 해야 한다. 여기서 알아야 할 것은 책임자와 좋은 관계를 수립하기 전에는 자신의 건의가 수용되기 어렵다는 것이다. 책임자는 자신의 건의가 잘 받아들여지면 다행이지만 그렇지 않을지라도 불평하지 말고 결정에 순순히 따름으로서 충성심이 증명되면 나중에 그것에 대해서 다시 말할 수 있는 기회를 가질 수 있다.

1. 순종은 책임자의 뜻을 존중하고 즉시 기꺼이 수행하는 것이다.

2. 사람들은 일을 잘해도 자기고집을 세우는 사람들을 신뢰하고 좋아하지 않는다.

3. 순종의 본질은 협력하여 조직을 좋은 방향으로 이끌고 좋은 결과를 이루는 것이다.

4. 고용관계가 상호간 순종의 책임을 잘 보여 주고 있는 예다.

5. 진정한 순종이란 책임자가 성공하기를 바라는 기쁜 마음으로 과제를 완수하는 것이다.

6. 참된 순종은 기대되는 모든 일을 끝맺겠다는 각오로 과외의 일을 기꺼이 하는 것이다.

7. 책임자는 순종하는 사람들에게 책임과 보호의 의무를 다하는 헌신을 해야 한다.

8. 순종은 과제 수행 시 방해물이 발견되면 책임자에게 계속 알려서 주지시키는 것이다.

9. 순종은 창조성과 자주성을 북돋아 준다.

10. 순종하는 사람은 환경에 잘 적응하고 성장 발전이 누구보다도 빠르다.

죽을 각오의 충성으로 둥우리를 지키는 거위

2. 최선의 노력을 보여 주는 충성

충성이란 힘들고 어려울 때도 내가 섬기는 사람에게 최선의 노력을 보여 주는 것이다. 충성하는 사람은 다른 일을 해야 하기 때문에 시간이 없다고 말하는 대신 필요할 때 언제든지 돕고자 최선을 다하는 사람이다. 이런 충성을 실행하기 위해서는 알고 있는 지식만으로는 미흡하다. 충성의 품성을 계발하여 신뢰 받는 삶을 살자.

충성의 바른 품성 자가진단

나는 충성의 바른 품성을 지닌 사람인가?

　다음의 문항들은 충성의 바른 품성을 자가진단하는 데 절대적인 기준은 아니지만 적합한 내용이라고 생각한다.

각각의 문항에 대해서 매우 잘 알고, 매우 잘 실행하고 습관화되어 있다면 'O'에, 보통 이하라고 판단되면 '△'에 체크한다. '△'에 체크된 항목 즉 자신이 부족한 부분을 집중적으로 계발하고, 다시 진단하여 변화된 상태를 점검하고, 모든 문항에 대해서 'O'에 체크될 때까지 훈련하는 기회로 삼자.

충성 진단시트

NO	진 단 내 용	진단	
		O	△
1	나는 서로 신뢰를 쌓는 것을 가장 중히 여긴다.		
2	나는 다른 사람의 개성을 이해하고 그들의 강점과 장점을 강조한다.		
3	나는 의무사항의 규정과 질서를 잘 따르고 있다.		
4	나는 온정을 가지고 어려움에 처한 다른 사람을 격려한다.		
5	나는 감당하기 어려운 요구에 대해서 나의 한계를 알고 결단을 내릴 수 있다.		
6	나는 동료들의 필요가 무엇인지 그 필요가 채워지고 있는지 항상 살펴본다.		
7	나는 기한 내에 할 수 있는 것과 없는 것을 확실히 구분하고 일을 추진한다.		
8	나는 항상 최상의 우선순위를 찾아서 그 우선순위에 중점을 두고 일한다.		
9	나의 제안이 거부될 경우라도 최종 결정에 기꺼이 따른다.		
10	나는 감정보다 확실한 진리에 기반을 둔다.		

충성의 바른 품성계발과 실행가이드

우선순위를 정하라

충성은 자기에게 주어진 일 중 가장 중요한 일에 우선순위를 두는 것이다. 때로는 우선순위를 아는 것이 어려울 때가 있다. 우선순위는 자기가 시간을 어떻게 보내는지를 보면 중요시하는 것을 대개 알 수 있다. 자기에게 주어진 시간에 할 수 있는 일과 할 수 없는 일이 무엇인지 분류하고, 기한 내에 할 수 있는 것은 어떤 어려움이 닥치더라도 반드시 마치도록 최선을 다하는 것이 충성이다. 시간을 효과 있게 사용하는 관리자는 부하들 개개인의 욕구를 충족시키고자 노력한다. 그는 우선순위와 자기 일을 다른 사람에게 위임하는 방법을 잘 안다. 남이 더 잘 할 수 있는 일과 남에게 위임할 수 있는 것은 과감히 위임하고 시간을 절약해 줄 도구나 수단을 찾아 사용하면서 조직에 충성을 다한다.

나는 컨설팅 프로젝트의 우선순위를 정할 때 경영자와 간부가 요구하는 것을 고려하면서 현장에서 쉽게 개선할 수 있다고 판단되는 문제들을 찾아내어 제거하는 일부터 시작했다. 그리고 투자를 필요로 하는 것들은 투자와 효과를 고려해서 순위를 정했다. 그런데 문제는 경영자에게 가장 중요하다고 생각되는 것이 다른 간부나 사원들은 가장 중요하다고 생각하지 않은 경우가 종종 있다.

예를 들면 경영자는 생산성을 올리기 위해서는 현재의 상태에서 철저한 정리정돈 등 현장의 기본을 지키는 것이 가장 중요하다고 생각한다. 그런데 현장에서는 인력도 보강하고 설비투자에 의한 자동화가 우선되어야 생산성이 향상된다는 것이다. 이럴 경우 순위를 정하는데 고민에 빠지기도 한다. 하지만 경영자의 뜻을 따라 정리정돈부터 시작해서 낭비를 제거하고 생산성을 추구하는 것을 우선순위로 정하는 것이 회사에 이익이 된다고 생각한다. 자동화는 생산성 향상의 수단이지 목적이 아니다. 때에 따라서 많은 투자를 요구하고 유지관리하는 것이 어렵다. 컨설턴트의 충성은 자신이 컨설팅을 하는 회사가 가급적 돈을 들이지 않고 돈을 벌 수 있는 방법과 가치 향상을 우선순위로 하는 것이다.

진리에 기반을 두어라

충성은 감정이 아닌 확실한 진리에 기반을 두어야 한다. 감정적인 충성은 결과적으로 손해를 입히는 맹목적인 충성을 가져온다. 그러한 맹목적인 충성은 진실을 오해하고 오용하는 결과를 가져올 수도 있다. 예를 들어 직장에서 감당할 수 있는 것보다 더 많은 양의 근무 압력, 시간적인 여유가 없을 때 과다한 도움 요청, 친구나 친척들이 도울 수 있는 한계를 넘는 재정적 지원 또는 보증 등을 요구받을 경우 감정에 얽매여 요구를 들어주거나, 들어주지 못해 죄책감에 시달릴 수 있다.

이때 자신의 한계를 알고 어려운 결단을 내릴 수 있는 과단성이 필요하다. 반면에 친구나 가족 등이 불행을 당했을 때 그들의 상처를 치유하는 데 필요한 것이 무엇이든 지원함으로써 온정을 표현할 수 있는 것이 충성이다. 충성은 과단성과 온정을 가지고 어려움에 처한 사람을 격려하겠다는 마음가짐이다.

상담과 사회복지를 전공한 아내는 자기 주변에서 어려움에 처한 사람을 알게 되면 그 사람이 부탁하지 않아도 스스로 어떻게 해서라도 도움을 주고자 애를 쓴다. 그리고 누군가 아내에게 부탁하면 그 일을 해야 하는 의무와 책임감을 느끼고 최선을 다해 사방으로 노력한다.

그런 행동이 자신의 힘에 부치면 힘들어하거나 순수한 동기가 가끔 오해를 받아 마음 아파하는 것을 보면서 안타깝다는 생각이 들

때가 있다. 그래서 도와주는 것도 어느 정도 절제하는 것이 좋지 않
겠느냐고 권면한다. 그래서인지 최근에는 자신이 할 수 있는 능력 안
에서 도와주려고 노력하거나 다른 사람에게 오해 받지 않으면서 더
많은 도움을 줄 수 있는 방법을 찾고자 신중함을 기하는 것 같다.

조직의 기밀 유지에 최선을 다하라

회사의 기밀이 외부로 넘어간다면 이는 회사에 큰 손실을 줄 수 있
고 자신의 미래에도 큰 영향을 주며 더 나아가서는 대외적인 문제
가 될 수도 있다. 의도적으로 그렇게 하는 경우도 있지만, 신중하지
못해서 자신도 모르는 사이에 다른 사람이나 외부에 노하우가 넘
어가는 경우도 있다. 이러한 사고를 방지하기 위해서는 철저하게 경
계하는 태도를 지녀야 한다. 예를 들어 잘 알고 지내는 어떤 사람이
조직에서 수행하고 있는 계획과 방법, 아이디어 등을 알기를 원할
때가 있다. 내용을 밝히기 전에 반드시 정보를 나눌 수 있는지 신중
하게 생각하고 책임자에게 물어보는 정도의 노력을 하는 것이 조직
에 최선을 다하는 것이다. 비록 자신이 생각할 때 내용이 사소하다
고 판단되는 것일지라도 타인에게 말할 때는 항상 조직의 책임자에
게 우선적으로 의논하고 타인에게 말하는 것이 조직에 충성하는 것
이다.

지지하는 제안을 올려라

회사의 책임자가 회사의 발전을 방해하는 결정을 하는 것처럼 보일 때 회사의 발전과 책임자의 권위에 대한 두 가지에 충성심을 보여주기는 어렵다. 만일 책임자의 결정이 바람직하지 않을 때는 권위에 대한 충성심을 표현하면서 책임자에게 새로운 제안을 하고, 회사의 성공을 위한 헌신을 표현할 수 있는 말과 함께 다른 방안을 추천하는 것에 대한 이유가 충분히 전달되도록 설명해야 한다.

그동안 컨설팅하는 데 가장 어려웠던 것은 경영자가 컨설팅 내용에 대한 이해를 충분히 알지 못하는 상태에서 자신이 원하는 방향으로 컨설팅할 것을 요구하고 단기간에 성과를 바라는 것이었다. 이러한 경우 그의 의견의 타당성과 권위를 최대한 존중하면서 상황을 설명하고 협의하며 주어진 기간에 성과를 이루기 위해 헌신하고자 한다.

조직 내의 충성심은 지지하는 제안을 올린 것이 거부될 경우 최선의 것이 아닐지라도 최종 결정에 따르는 것이다. 책임자와의 갈등이 있을 때 책임자를 따르지 않고 자신과 뜻을 함께하는 동료의 말을 따르는 것은 바람직하지 않다. 충성은 충간의담(忠肝義膽 : 충성스러운 마음과 의로운 용기를 아울러 이르는 뜻)하는 것이다. 충성은 섬기는 사람에 대한 강한 헌신을 요구한다. 책임자를 우롱하지 않겠다는 마음가짐이 필요하다.

동료의 필요를 채워라

삶에 대한 가치와 관점은 "시간과 돈, 재능 등을 어떻게 활용하느냐? 그리고 인간관계에 얼마만큼의 가치를 두느냐?"에 영향을 미친다. 전문가가 됐다고 항상 좋은 성과를 얻을 수 있는 것은 아니다. 아무리 능력이 있어도 최고의 성과를 얻기 위해서는 언제 어디서라도 내 편이 되어 주는 사람이 필요하다. 인간관계에 대한 충성심이 사회적 질서를 위한 기초를 마련해 준다고 한다. 사람들은 서로에게 배우고, 서로에게 행동의 책임을 점검 받을 수 있는 관계를 통해서 더 빠르고 강하게 성장할 수 있다.

사람은 모든 면에서 가장 소중한 자산이다. 사람을 소중히 여기는 것에 기본을 두고 동료들에게 충성심을 보이는 노력은 동료들의 필요가 무엇이며, 그 필요가 채워지고 있는지 살피는 것이다. 예를 들어 작고 사소한 일이지만 복사기를 사용한 후 종이를 채워놓는 것, 사용한 연장들을 제자리에 놓는 것, 좀 더 마무리를 잘하고자 노력하는 것 등이 있다. 조직이나 단체에서 동료의 필요를 채워 주겠다는 마음가짐을 항상 지니는 것이 동료에 대한 충성이다.

조직생활에서 관계에 문제가 생기면 친구나 동료들에게 상대방을 비방하는 행위는 충성심을 직접적으로 위배하는 일이다. 이러한 바람직하지 못한 태도들이 효과적인 삶을 영위하는 데 얼마나 방해가 되고 있는지 알아야 한다.

필요를 채워 주고 좋은 인간관계에 충성하기 위해서는 다른 사람의 성격유형을 이해해야 한다. 세상에 같은 사람은 한 사람도 없으며 모든 사람은 다르다. 내성적인 사람, 외향적인 사람, 판에 박힌 일을 좋아하는 사람, 아니면 다양함을 좋아하는 사람, 생각하기를 좋아하는 사람, 느끼는 것을 좋아하는 사람, 혼자 하는 일을 잘하는 사람, 팀 안에서 일을 잘하는 사람 등 여러 유형의 사람들이 있다. 자기가 시시하게 생각하는 것도 다른 사람은 매우 소중하게 생각하는 경우가 있다는 사실을 이해해 주는 것도 그의 필요를 채워 주는 충성이다. 대인관계를 잘하기 위해서는 다른 사람의 개성을 이해하고 그들의 강점과 장점을 강조하겠다는 마음가짐이 필요하다. 충성심은 관계를 다시 세우고 회복시키기 위한 헌신의 자세를 지니는 것으로 나와 다른 것에 대해서 충성하면 유익이 있다.

신뢰를 중히 여겨라

개인의 바른 품성은 가장 귀중한 자산이다. 그러나 품성에 결함이 있다면 그것은 극복해야 할 가장 어렵고도 중요한 장해물이 될 수 있다. 예를 들면 관리자가 신뢰에 결함이 있으면 리더십에 커다란 장해물이 된다. 사람의 노동력은 돈으로 살 수 있지만 신뢰가 없으면 그의 마음까지 사기는 어렵기 때문이다. 아무리 최고의 열정과 능력을 가졌더라도 신뢰가 밑바탕이 되지 않으면 그 능력과 열정은 모래성과 같아서 언제 무너질지 모른다. 신뢰는 세상을 바꾸는 힘이 있기 때문에 신뢰의 가치는 더욱 높아진다. 세상을 살다보면 좋은 날만 있을 수는 없다. 좋을 때는 잘하다가 마찰이 발생하면 돌변하는 사람들이 가끔 있다. 그런 사람들에게는 신뢰를 가질 수가 없다. 그들을 믿었다가는 낭패를 보기 쉽기 때문이다.

신뢰를 쌓을 수 있는 기회는 누구에게나 있지만 사람들은 그것을 기회로 보지 못하는 경우가 많다. 펌프에서 물을 끌어올리기 위해 먼저 한 바가지 정도의 마중물을 붓듯이 자신이 먼저 타인에게 충성된 마음을 갖고 신뢰할 때 서로 신뢰하는 마음이 쌓일 수 있다. 그러나 신뢰를 쌓기 위한 충성이 지나치게 업무적이거나 계산적이면 오히려 신뢰를 잃게 된다. 항상 투명한 동기를 가지는 마음가짐이 필요하다. 어떤 조직이라도 사람을 신뢰하지 않는 풍토 하에서는 조직이 커지면 커질수록 기하학적 관리비용이 요구된다. 조직에서 신뢰야말로 꼭 갖추어야 할 덕목이다.

1. 충성은 어려운 때에도 내가 섬기는 사람에게 최선의 노력을 보이는 것이다.
2. 충성은 서로 신뢰를 쌓은 것을 중히 여긴다.
3. 충성하는 사람이란 다른 일을 하면서도 필요할 때 언제든지 돕기를 원하는 사람이다.
4. 책임자가 조직에 대해 충성하는 것은 시간을 효과 있게 사용하도록 하는 것이다.
5. 충성은 자기에게 주어진 일 중 가장 중대한 임무에 우선순위를 두는 것이다.
6. 충성은 규정과 질서를 따르는 것이다.
7. 책임자와 갈등이 있을 때도 불의한 일이 아니라면 책임자에게 충성해야 한다.
8. 충성은 감정이 아닌 확실한 진리에 기반을 두어야 한다.
9. 충성은 동료들의 필요를 인식하고 그 필요가 채워지고 있는지 살펴보는 것이다.
10. 자신의 제안이 거부되어도 최종 결정에 충성하여야 한다.

5장

성실함, 진실성의 품성

투명한 동기와 미래의 신뢰

마음이 깨끗하고 투명하면 모든 일이 잘되고, 좋은 입술은 진실을 사랑하며 진실을 말한다. 성실함, 진실성의 품성을 지닌 사람은 깨끗하고 투명한 동기로 옳은 일을 하고 항상 진실을 말함으로써 미래에 신뢰를 받는다.

성실함의 상징인 벌

1. 투명한 동기로 옳은 일을 하는 성실함

성실함은 투명한 동기로 옳은 일을 열심히 하고자 하는 것이다. 뛰어난 재주가 있어도 성실함이 뒷받침되지 않으면 성공할 수 없다. 이것은 칼이 아무리 잘 들어도 칼자루가 없으면 제대로 사용할 수 없는 것과 같다. 성실함의 품성을 계발하여 투명한 동기로 생활하자.

성실함의 바른 품성 자가진단

나는 성실함의 바른 품성을 지닌 사람인가?

다음의 문항들은 성실함의 바른 품성을 자가진단하는 데 절대적인 기준은 아니지만 적합한 내용이라고 생각한다.

각각의 문항에 대해서 매우 잘 알고, 매우 잘 실행하고 습관화되

어 있다면 'ㅇ'에, 보통 이하라고 판단되면 '△'에 체크한다. '△'에 체크된 항목 즉 자신이 부족한 부분을 집중적으로 계발하고, 다시 진단하여 변화된 상태를 점검하고, 모든 문항에 대해서 'ㅇ'에 체크될 때까지 훈련하는 기회로 삼자.

성실함 진단시트

NO	진 단 내 용	진단	
		ㅇ	△
1	나는 항상 투명한 동기를 가지고 언제 어디서나 옳은 일하기를 열망한다.		
2	나는 잘못된 행동이나 태도를 솔직히 밝히는 편이다.		
3	나는 남의 탓, 환경 탓을 하지 않는다.		
4	나는 주위 사람들의 기분을 상하지 않게 최대한 평화롭게 지낸다.		
5	나는 약속한 기한이 늦어지게 된다면 사전에 상대방에게 알린다.		
6	나는 항상 진심을 가지고 밀과 행동을 통해 징심성의(正心誠意)한 삶을 보여 준다.		
7	나는 투명한 동기를 가지고 다른 사람들의 의견에 진정한 관심을 가진다.		
8	나는 정해진 계획대로 꾸준히 일을 전개한다.		
9	나는 어려울 때 상대방에게 알려 도움을 요청한다.		
10	나는 작고 사소한 일도 최선을 다하고 완벽하게 처리한다.		

📐 성실함의 바른 품성계발과 실행가이드

다른 사람과 평화롭게 지내라

성실함이란 잘못된 것을 지적하는 공격적인 자질이 아니다. 오히려 주변 사람들의 진정한 태도와 감정을 인지하여 이들을 이끄는 배려의 자질이다. 성실함은 자신의 생각과 상대방의 의견이 다를지라도 상대의 감정을 거스르게 하여 갈등과 분열을 야기하는 것이 아니라 상대방의 관점에서 자신의 견해를 표현함으로 주위 사람들의 기분을 상하지 않게 하고 최대한 평화롭게 지내는 것이다.

즉 성실함은 다른 사람과 최대한 평화롭게 지내기 위해서 달갑지 않은 결과를 가져올 수 있는 말이나 행동, 태도를 인식하고 피하는 신중함이 요구된다. 그렇다고 상대방에게 불쾌감을 주지 않기 위해서 진실성을 감춘다면 이는 성실하지 못한 태도다. 진실성이 겉모습 뒤에 숨지 않도록 신중해야 한다.

내가 컨설팅할 때 가장 주의하는 것 중의 하나는 현장 사람들과 마찰 없이 추진하는 것이다. 현장에 존재하는 문제를 파악하고 문제를 해결하기 위해 과제를 주며 실행한 과제에 대해 평가하는 행위가 경우에 따라서 상대방의 감정을 상하게 할 수 있었다. 그렇다고 잘못 실행한 것을 지적하지 않을 수도 없었다. 지적에 대해서 현장 사람들이 "지금 아주 바쁜데 왜 그렇게 해야만 하는데요?" 등의 돌발적인 질문이나 다른 의견을 가지고 저항하는 표현을 할 경우가 종종 있었다.

　나는 저항을 받는 어려움에 직면할 경우에 그들의 태도나 감정을 인지하고자 노력하면서 확고한 대응 자세를 가졌다. 그렇다고 나의 모든 생각을 있는 그대로 표현하여 그들에게 불쾌감을 주어서는 안 된다는 것을 경험을 통해서 잘 알고 있었다. 이때 투명한 동기와 목적을 가지고 그들의 관점에서 최적의 해를 찾으며 그들과 평화롭게 지내면서 컨설팅을 수행했다.

　성실함의 품성을 갖기 위해서는 신중함과 그릇된 욕망을 물리치고 옳은 일을 행하는 절제력이 필요하다.

　동료가 자신의 문제에 대한 의견을 구할 때 부정적인 견해를 가질 수도 있다. 하지만 동료와의 관계 때문에 자신의 의견을 이야기하는 것이 난처할 때도 있다. 이런 경우 먼저 상대방의 의견에 동의해 주고 자신의 경험이나 의견을 조심스럽게 말해 줌으로써 상대방에게 불쾌감을 주지 않는 성실함을 행할 수 있다. 예를 들어, "나는 이 일이 어떻게 진행되어야 할지를 잘 모른다. 하지만 네가 충분히 검토했다고 생각하기 때문에 잘 추진할 수 있을 것이다"라고 자신의 의견을 분명히 하는 것이 성실한 것이다.

도움을 요청하라

성실함이란 상대방에게 자신의 어려움을 알려 도움을 요청하는 것이다. 직장에서 업무에 대한 스트레스가 증가한다면 상사에게 자신의 상황을 알려 문제를 해결하는 것이 좋다. 자신의 어려움을 알리기보다 침묵하며 참아내는 것은 오히려 더 많은 손해를 직장에 끼칠 수 있다. 또한 다른 사람들에게 일을 맡기면 제대로 못할 것이라는 염려와 자신만이 해결해야 한다는 생각 때문에 자기 스스로를 피곤하게 해서도 안 된다.

아내와 큰딸 그리고 나는 어떤 일을 하는데 있어서 어려움이 있어도 가능하면 다른 사람의 도움을 요청하지 않고 스스로 해결하는 성격이다. 그런데 작은딸은 공부하거나 어떤 일을 할 때 어려움에 처하면 자신이 할 수 있는 것과 그렇지 않은 것을 구분한다. 할 수 있는 것은 스스로 하지만 그렇지 않은 것은 자기 주변의 친구들이나 선배들, 심지어는 교수님들께도 도움을 요청한다. 도움을 요청받은 사람들은 기꺼이 도움을 주면서 더 필요한 것이 없는지까지 보살펴 준다고 한다. 그래서인지 도움을 요청하지 않는 우리 부부나 큰딸보다 도움을 요청하는 작은딸이 오히려 다른 사람들과의 관계가 더욱 돈독한 것 같다.

자만심으로 인해 다른 사람들에게 도움을 요청하지 않아 결과적으로 자신은 물론 모두에게 피해를 준다면 이는 성실하지 못한 행동이다. 주변에는 의외로 남을 돕는 것을 즐겁게 생각하고 행복한 마음을 갖는 사람들이 많다.

투명한 동기가 우선이다

어떤 일을 하는데 실패하는 것은 지식이 부족한 경우보다는 성실함이 부족할 경우가 더 많다. 능력이 있지만 불순한 음모를 가진 위선적인 사람보다는 능력이 부족하더라도 투명한 동기를 가진 성실한 사람이 더 신뢰와 인정을 받는다. 성실한 사람이란 비가 갠 뒤 바람과 달과 같은 광풍제월(光風霽月)처럼 심성이 맑은 사람으로 위선을 거부하고 옳은 동기를 가지고 옳은 일을 열심히 하는 사람이다.

그는 다른 사람이 지켜볼 때만 옳은 일을 하는 것이 아니라 주변에 아무도 없을 때도 옳은 일을 한다. 그는 밖으로 드러나는 외면과 내면의 모습이 똑같은, 거리낌이 없는 사람이다. 그는 항상 투명한 동기를 갖고 일하기를 열망한다. 투명한 동기를 가진 태도로 인해 한순간 어려움을 당하고 손해를 볼 수 있다. 하지만 나중에는 뒷산에 심은 풍성한 유실수처럼 번성하고 성장하여 좋은 열매를 맺게 된다. 위선으로 이룬 성공은 비료를 주어 한순간에 왕성하게 자라 바람을 견디지 못하고 쓰러지는 곡식이나 풀과 같아서 남는 것이 없다.

투명한 동기를 가지고 성실히 행하기 위해서는 자신의 동기가 무엇인지를 알아야 한다. 외면과 내면이 같은 투명한 동기는 마음에 평안을 가져와 모든 일을 잘 이루게 하는 힘이 된다. 사람은 잘못된 동기를 가지고 있으면 자연히 그 동기를 숨기게 된다. 잘못된 동기를 숨기는 것은 불성실한 마음을 조성하고 불성실한 결과를 낳지만 깨끗한 양심을 지키기로 작정하고 잘못을 인정하고 고치려는 시도는 성실함을 보여 준다.

성실함은 투명한 동기를 가지고 언제 어디서나 옳은 일하기를 열망하는 것으로 다른 사람을 위한 것보다 자신을 위한 것이다. 하늘을 우러러보나 세상을 굽어보나 투명한 성실한 삶을 살자. 마음이 맑으면 모든 일이 잘 이루어진다고 한다.

신뢰하고 신뢰를 받아라

인간적 진실이 배어 나온 성실한 말은 원수의 마음도 움직일 수 있고, 천 냥 빚도 능히 갚을 수 있다. 하지만 거짓과 기만으로 위장된 말은 최소한의 효과도 거둘 수 없고 남에게 미움을 받을 수 있다.

조직을 효율적으로 경영하기 위해서 무엇이든지 솔직하게 말하거나 의논할 수 있는 환경이 조성될 때 서로 믿고 같이 일할 수 있으며 친해질 수 있다. 때문에 동료로서 연대감을 갖게 된다. 그러기 위해서 신뢰는 필수적이다. 신뢰를 얻는 데는 많은 시간이 걸리지만, 한 순간의 어리석은 행동이 그것을 망칠 수도 있다. 신뢰는 살아 있는 생명체처럼 성장하기도 하고 소멸되기에 소중히 가꿔 나가야 한다.

신뢰를 가꾸는 데는 경청, 순종, 감사, 충성, 열심, 진실성, 신중함, 경계심 등 여러 가지 품성자질이 요구되지만, 성실보다 더 좋은 것은 없다. 다른 사람과 어떤 일을 같이 할 때 상대방을 신뢰할 수 있는지는 그 사람의 성실함을 기본으로 한다. 그렇기 때문에 신뢰는 성실한 사람에게 주어지는 지위이며, 성실함으로 쌓은 신뢰는 사람이 사람답게 살아가는 데 있어서 매우 중요한 성공법칙이다.

조직의 신뢰는 리더의 성실함에서부터 시작된다. 신뢰를 얻은 리더만이 조직을 이끌 수 있어 신뢰는 리더의 가장 중요한 도구다. 이를 통해 지속적인 공동체를 만들 수 있다. 그래서 리더의 가장 본질적인 자질은 완벽함이 아니라 성실함이다. 성실함은 또 다른 성실함을 가져오듯 리더가 직원들에게 성실하게 대하면 그들도 성실하게 행동할 것이다. 이러한 성실함은 리더와 직원 간의 관계를 더 강화시켜 서로간의 의사소통을 더욱 용이하게 한다. 리더가 직원들의 고충을 이해하고 가능성을 믿어 준다는 확신을 가지면 그들은 자원봉사자의 마음처럼 되어 조직에 충성할 것이다.

리더가 성실함을 보여 주는 가장 효과적인 방법 중 하나는 일관성을 보여 주는 것이다. 말과 행동이 다르면 숨겨진 동기가 있음을 뜻한다. 오늘 하는 일과 내일 하는 일이 서로 상반된다면 성실하지 못하다는 것이다. 이러한 리더는 신뢰를 잃는다. 리더는 믿음이 담긴 말을 해야 존경받을 수 있다. 일관성을 통해 리더가 신뢰를 얻기 위해서는 투명한 동기가 요구된다. 투명한 동기를 가진 리더는 자신의 결정에 동의하도록 촉구하기보다는 직원들의 의사에 진정한 관심을 가진다. 그리고 자신과 함께 일하는 사람들의 성실함을 이끌어낸다. 진정으로 직원들의 의견을 참고하려는 투명한 동기가 없다면 그들의 의견을 묻지도 않는다.

사소한 일도 완벽하게 하라

인생이 사소한 작은 일에서부터 시작되는 것처럼 크고 거창한 일도
처음에는 작은 것에서부터 출발한다. 성실함은 작고 사소한 일도 완
벽하게 처리하는 습관이다. 성실한 사람은 약속한 일이 무엇이든지
꼭 지키고, 사소한 일도 대충대충 하지 않는다. 작은 일의 경험과 지
식도 없는 사람에게는 큰일이 주어질 수 없다. 작은 일이 맡겨져 있
을 때 최선을 다하는 성실성이 입증되면 큰일을 책임지는 자리로
승진될 수 있다.

성경에도 "지극히 작은 것에 충성된 자는 큰 것에도 충성하되 지
극히 작은 것에 불의한 자는 큰 것에도 불의하다"는 작은 것의 중요
성을 교훈하고 있다. 작은 일을 못하는 사람은 큰 것도 못하는 법이
다. 중요한 것은 무슨 일을 하느냐가 아니라 그 일을 어떻게 하느냐
다. 타성에 젖어 대충대충 하는 습관을 가진 사람에게는 기회가 오
지 않는다. 기회는 크고 작은 것을 가리지 않고 성실히 행하는 사람
에게 주어지기 때문이다. 성공하는 사람은 작은 일에도 최선을 다
하는 습관을 가진 사람이다.

자신과 경쟁하라

남의 탓, 환경 탓, 조상 탓을 하는 것은 가장 불성실한 태도다. 자기
자신의 결점을 반성하고 있는 사람은 남의 결점을 보고 있을 틈도

없고 누구를 탓하지도 않는다. 성실하다는 것은 자기 자신과 경쟁하는 것으로 다른 누구의 평가 때문에 성실한 것이 아니다. 내 행동에 책임을 지겠다는 마음가짐이며 이를 이루기 위해 자기 자신과 경쟁하는 것이다. 자신의 마음을 한결같이 하여 무엇이든지 이루어지도록 노력하는 것이 좋다. 어떤 날은 열심히 하다가 또 어떤 날은 게으름을 피우는 것은 성실함이 아니다. 정해진 계획대로 꾸준히 일을 전개해 나가는 것이 바로 성실함이다.

출근시간은 조직생활의 기본이자 신뢰를 바탕으로 한 직원들 간의 약속이다. 아무리 업무에 뛰어난 재능을 보이는 직원이라 할지라도 출근시간을 제대로 지키지 못하면 성실하다고 인정받을 수 없다. 또한 신뢰할 수도 없다. 일과 조직을 대하는 기본적인 자질이 의심되기 때문이다.

정직함을 보여라

성실함은 말과 행동을 통해 자신의 삶을 정직하게 보여 주는 것이다. 정직함은 생각보다 삶에 더 큰 영향력을 미친다. 자신을 숨기면서 다른 사람처럼 되기 위해서 노력한다면 누구에게도 영광이나 기쁨을 줄 수 없다. 사람들은 믿을 수 있는 사람과 관계를 지속시키기를 원한다. 말과 행동에는 항상 진심이 배어 있어야 한다. 마음을 바르게 하고 뜻은 참되게 하는 정심성의(正心誠意)한 삶을 살아야 한다.

성실함의 품성을 지닌 사람은 정확하게 말한다. 부정확한 말 한

마디가 자신의 신용도를 낮추기 때문에 어떤 결정에 이르게 한 요점이 무엇인지를 깨닫고 적합한 요점만 솔직하게 말한다. 또한 최대한의 효과를 얻고 싶다면 애매하고 부정확한 말을 사용하지 않는다. 자신의 입 밖으로 나온 말들은 반드시 지켜야 하는 약속이라고 생각하는 것이 좋다. 그리고 약속은 반드시 기한 내에 지켜야 하지만, 약속한 기한보다 늦어지게 된다면 사전에 상대방에게 알려야 한다. 막연히 기다리는 것은 불안을 주지만, 늦은 이유를 알게 되면 안심하고 기다릴 수 있다.

성실함의 품성 핵심 포인트

1. 성실함은 투명한 동기로 옳은 일을 하려고 열망하는 것이다.
2. 성실한 사람은 위선을 거부하고, 옳은 동기를 가지고 옳은 일을 하는 사람이다.
3. 위선으로 이룬 성공은 한순간에 왕성하게 자라 바로 쓰러지는 풀과 같다.
4. 성실함은 말과 행동을 통해 자신의 삶을 정직하게 보여 주는 것이다.
5. 성실함은 주위 사람들의 기분을 상하지 않게 하고, 최대한 평화롭게 지내는 것이다.
6. 성실함은 상대방에게 자신의 어려움을 알려 도움을 요청하는 것이다.
7. 성실함은 작고 사소한 일도 완벽하게 처리하는 습관이다.
8. 성실함으로 쌓은 신뢰는 사람이 사람답게 살아가는 데 있어서 매우 중요한 성공법칙이다.
9. 남의 탓, 환경 탓을 하는 것은 불성실한 태도다.
10. 바람직한 동기를 가진 리더는 직원들의 의견에 진정한 관심을 가진다.

하고자 하는 의도가 분명한 사자

2. 미래의 신뢰를 얻는 진실성

진실성이란 지난 일을 정확히 말함으로써 미래의 신뢰를 얻는 것으로 살기 좋은 사회를 만드는 기초가 된다. 진실성이 바탕이 되지 않고는 깊은 곳에서 우러나오는 신뢰와 존경은 형성되지 않는다. 진실성의 품성을 계발하여 신뢰받고 존경받는 삶을 살자.

진실성의 바른 품성 자가진단

나는 진실성의 바른 품성을 지닌 사람인가?

다음의 문항들은 진실성의 바른 품성을 자가진단하는 데 절대적인 기준은 아니지만 적합한 내용이라고 생각한다.

각각의 문항에 대해서 매우 잘 알고, 매우 잘 실행하고 습관화되

어 있다면 'ㅇ'에, 보통 이하라고 판단되면 '△'에 체크한다. '△'에 체크된 항목 즉 자신이 부족한 부분을 집중적으로 계발하고, 다시 진단하여 변화된 상태를 점검하고, 모든 문항에 대해서 'ㅇ'에 체크될 때까지 훈련하는 기회로 삼자.

진실성 진단시트

NO	진단 내용	진단 ㅇ	진단 △
1	나는 남에 대한 이야기를 할 때 진실을 말한다.		
2	나는 선의의 거짓말을 하기보다는 말을 하지 않는다.		
3	나는 다른 사람의 소유물을 다룰 때도 소중하게 관리하는 것이 습관화되어 있다.		
4	나는 하늘을 우러러보나 세상을 굽어보나 양심에 거리낄 것이 없이 살고 있다.		
5	나는 주어진 의무와 책임을 다하고 신념을 가지고 산다.		
6	나는 초심을 잃지 않고 처음 약속했던 것을 반드시 지킨다.		
7	나는 진실하기 위해 많이 노력한다.		
8	나는 무슨 일을 하든지 품성을 첫째로 삼는다.		
9	내가 과제를 어떻게 할지 모를 때 혼자 억지로 하고자 애쓰지 않고 도움을 요청한다.		
10	나는 사실과 견해를 분리해서 말한다.		

진실성의 바른 품성계발과 실행가이드

다른 사람의 소유물을 소중히 여겨라

결혼 후 내 집을 장만해 정착될 때까지 큰딸이 초등학교를 다섯 번이나 전학할 정도로 자주 이사했다. 지금은 임대 계약기간이 2년이지만, 과거에는 6개월에서 1년 정도밖에 안 되던 시절이어서 이사를 자주 할 수밖에 없었다. 전월세를 살면서 못 하나를 벽에 박더라도 더 신경을 쓰며 내 집 이상으로 관리하니까 이웃에게서 집주인이 사는 줄 알았다는 말을 자주 들었다.

프랑스 유학시절에 익힌 습관에서 비롯된 것인지 아내는 거주하고 있을 때보다 이사 갈 때 더 깨끗하게 청소를 한다. 프랑스에서는 집주인이 입주할 때보다 나갈 때 더 정밀하게 집 상태를 점검한다. 만일 처음 상태와 차이가 있으면 보증금에서 제하고 나머지를 반환해 준다. 그래서 나갈 때 불이익을 받지 않기 위해서는 세입자도 입주할 때 집의 상태를 세밀하게 관찰해야 한다.

살아가면서 다른 사람으로부터 조심스럽게 다루어야 할 물건을 관리하도록 부탁받을 수도 있다. 진실성을 갖는다는 것은 이에 대한 어떠한 대가를 받든지 받지 않든지, 두 경우 모두 다른 사람의 소유물을 소중하게 다루는 것이다. 내가 자동화된 회사에서 설비관리에 관한 교육을 할 때 사원들에게 "자기 집에 있는 가전제품과 회사의 자동화설비 중 어떤 것이 더 소중하냐?"라는 질문을 종종 한다. 그들 대부분은 "자기 집에 있는 가전제품이 더 소중하다"고 한다. "왜 그것이 더 소중하게 생각하느냐?"고 다시 질문하면 "내 돈으로 구입했고 내 것이기 때문이다"라고 한다. 그러면 "가전제품을 구입할 수 있는 돈은 어디서 났느냐?"고 하면서 질문을 계속 여러 번 이어가다 보면 이런 이야기가 나온다.

"회사에 있는 자동화 설비의 관리를 잘못하면 성능이 떨어져서 경쟁력 있는 좋은 제품을 제때에 생산을 할 수 없다. 때문에 고객과의 신뢰도 깨진다. 그로 인해 매출이 떨어져 회사가 어려움에 직면하게 되면 급료도 제대로 받을 수 없다. 뿐만 아니라 심지어는 정리해고라는 엄청난 해일이 밀려올 수 있다."

실제로 현장에 있는 고가의 고도화된 첨단 자동화 생산설비는 가전제품보다 기술이나 금액이 몇 백 배 이상 되는 것으로 매우 소중한 가치를 지니고 있다. 그것에 걸맞게 현장에서 아주 소중하게 관리해야 양질의 생산성이 향상될 수 있다. 생산성의 향상은 매출 향상으로 업적이 올라가서 연봉도 더 받을 수 있고, 근무조건도 개선되며 밝은 직장도 구현할 수 있다.

또한 기업의 이익도 극대화된다. 그로 인해서 재투자할 수 있기 때문에 기업이 성장 발전되고 승진도 할 수 있는 선순환이 된다. 진실성의 품성을 가진 사람은 분별력이 있어서 회사의 생산 설비가 자기 집에 있는 가전제품보다 더 소중하다고 생각할 것이다.

진실성의 품성은 다른 사람의 소유물을 다룰 때도 적용하는 좋은 습관이다. 다른 사람의 소유물을 다룰 때도 소중하게 관리하겠다는 생각을 지니는 것 자체가 진실성의 품성을 습관화시키는 것이다.

지속적으로 품성을 계발하라

진실성은 바른 품성을 우선으로 하며, 진실성을 갖는다는 것은 자신의 품성을 바르게 평가하는 것이다. 평생 동안 사랑하는 법을 배워야 하는 것처럼 한 가지 품성을 계발하였다고 품성계발을 멈춰서는 안 된다. 지속적으로 품성을 계발해야 할 필요가 있다. 자신의 바른 품성에 기초한 동기를 계속 유지하고 잘못된 동기를 바로 잡아 줄 품성의 자질을 스스로 찾아내어 훈련하는 것이 진실성이다.

지금은 누군가가 나와 생각이 다르다고 해도 타인의 생각을 존중하고 문제점이 있을 경우 서로 생각을 함께 나누며 소통한 후 문제 해결을 위해 노력한다. 그런데 젊은 시절 대학교수로 근무할 때 보직 교수들의 어떤 결정이 나와 다를 경우 이해하기보다는 부당하다고 생각했다. 그래서 '무엇 때문에 그러한 결정을 했는지' 따졌다. 젊은 혈기로 앞뒤 가리지 않고, 부정적인 관점에서 불평, 불만을 가졌다.

한 가지 예를 든다면 회의시간에 학장님이 "장발의 젊은 교수님들이 학생들하고 구별이 잘 안 되니 머리를 좀 짧게 깎아 주십시오"라고 점잖게 말씀하셨다. 나는 학장님이 별걸 다 관여한다고 반발하고 불평하면서 머리를 깎지 않았다. 그 당시는 장발이 유행하던 시대였다. 세월이 지난 후 학생들하고 야유회 가서 찍은 사진을 보니 정말 학생들하고 구분이 안 되었다는 것을 알고 순종하지 않고 반발하며 불평했던 나 자신이 부끄러웠다.

최선을 다해 진실을 전달하라

진실성의 품성은 항상 최선의 의도를 가지고 말하는 정직함이다. 때로는 진실을 말하는 것이 불편할 수도 있다. 진실성이란 편안함보다는 진실한 점에 중점을 두는 것이다.

나는 아내가 원하는 것은 가능하면 지지하고 수용하지만 마음에 들지 않는 의견을 제시하거나 요구할 경우 대답하지 않았고 침묵했다. 그런 필자의 태도를 아내는 처음에는 긍정적인 반응으로 받아들였다. 나중에는 대답하지 않는 것이 부정적인 반응임을 알아차렸다.

그 후 아내는 내가 대답하지 않을 경우 부정적 의견으로 생각하고 넘어가기도 했다. 하지만 분명하게 자기 의견을 말하지 않는 것은 사람이 진실하지 못하기 때문이라고 불만을 토로하기도 했다. 이제 우리 부부는 서로 무엇이, 어떻게 마음에 들지 않는지, 어떤 방법으로 하는 것이 좋은지 등 여러 가지 대안을 함께 나눈다. 가끔 너무 열정적이어서 목소리가 높아지기는 한다. 하지만 서로의 생각을 충분히 나누어 좋은 결과를 이끌고자 노력한다.

사람들은 때때로 거짓말을 하는 것이 유익하다고 유혹받기도 한다. 그러나 그렇게 얻어진 유익은 언젠가는 반드시 값을 치른다. 개인적인 이익을 위해 속이고 싶은 유혹을 극복하는 열쇠는 진실성의 품성을 갖는 것이다. 정직하기 위해 본 손해는 신용을 위한 정당한 투자가 된다. 속임으로 야기된 품성과 명예의 붕괴는 진실을 말했을 때 겪게 될 손실보다 반드시 더 큰 손실을 가져온다.

적대하는 동기를 가지고 남에 대한 사실을 말하는 것은 진실이라 할지라도 진실을 넘어서 중상으로 가는 것이다. 항상 깨끗한 동기를 가지고 자선의 마음으로 진실을 말해야 한다. 선의의 거짓말은 괜찮다며 진실을 말하지 않는 경우가 있다. 사실이 아닌 것을 거짓으로 말하기보다는 차라리 아무 말도 하지 않는 편이 그 사람을 위한 것일 수 있다.

예를 들어, 어느 날 아는 사람이 어울리지 않는 새 옷을 구입하여 입고 왔을 때 당신은 그 사람의 기분을 생각하여 안 어울리는지 알면서도 잘 어울린다고 한다면 그 옷이 마음에 드는 본인은 자신에게 정말 잘 어울리는 줄 알게 된다. 이때 당신과 주변 사람들이 차라리 아무 말도 하지 않는다면 당사자는 부정적인 피드백을 받은 느낌을 갖게 되고 스스로 다시 생각해 보게 될 것이다.

진실하게 말하는 것이 불편할 때 대답하지 않고 침묵하거나 항상 진실한 것을 전달하려고 노력하자. 그리고 다른 사람에게 진실하라고 격려하고 자신도 거짓말하지 않겠다는 마음을 갖자. 정직한 삶은 큰 명예다. 정직한 명예는 진실을 나눔으로 얻어지는 것으로 오랜 시간에 걸쳐서 이루어지는 작은 행동에서 나온다.

초심을 유지하라

어떤 직장을 처음 선택할 때는 주어진 조건들에 기꺼이 동의한다. 그런데 시간이 지남에 따라서 초심을 잃고 불평과 불만을 하게 되는 경우가 종종 있다. 그러다가 직장을 옮기든가 아니면 불평불만을 일삼다가 직장을 그만두어야만 하는 사태까지 이른다.

직장과 직업은 웬만하면 바꾸지 말라는 말이 있다. 그만큼 직장과 직업을 바꾸는 것이 위험하다는 것이다. 나는 처음에 학생을 가르치는 대학 전임교수로 사회생활을 시작해 기업의 연구소에서 연구개발에 참여했다. 지금은 경영컨설턴트로 직장과 직업을 두 번 바꾸었다. 이렇게 직장과 직업이 바뀌게 된 것은 나름대로의 사정이 있기는 하다. 가장 큰 이유는 초심을 잃은 것이라고 생각한다.

내가 알고 있는 지인은 직장을 여러 번 옮겼다. 그는 "직장을 옮기는 것을 이혼하는 것과 같다"고 하면서 "그만큼 힘들고 더 좋게 될 확률이 적다"고 했다.

잃어버린 초심으로 인해 결과가 나쁘게 되는 경우가 많다. 진실성은 직장에서 처음 동의했던 행동과 약속을 지켜 자신의 의무를 다하고 소신을 가지는 것이다.

과거의 잘못을 바로 잡아라

사람들은 잘못을 저질렀을 때 자신을 되돌아보거나 반성하기보다는 그 이유를 설명하고 변명하려는 충동을 느낀다. 그리고 속여도 괜찮은 이유를 들면서 자신의 정당성을 합리화하는 거짓말을 하게 된다. 이런 태도는 자기 자신을 속이는 것뿐만 아니라 다른 사람까지도 우롱하려는 것이다. 잘못된 일의 근본을 다스리지 않으면 도리어 그 해를 더 크게 한다는 구화투신(救火投薪)이라는 말이 있다. 과거의 그릇된 행동이나 태도를 솔직하게 말하는 진실성은 오히려 상대방으로 하여금 신뢰를 쌓을 수 있다. 하지만 한번 거짓말하게 되면 그 거짓 정보가 있는 동안에는 잘못이 계속된다. 거짓은 신체적이나 감정적, 정신적, 영적인 결과와 함께 죄책감을 낳게 한다. 만약 진실하기로 굳게 마음을 먹고 거짓을 바로 잡는다면 타인으로부터 신뢰가 높아질 것이다.

깨끗한 양심은 자신의 행동을 정당화하는 것이 아니라, 오히려 자신의 잘못된 행동이나 태도를 솔직히 밝히는 것이다. 자신의 행동이나 태도가 깨끗하고 정직하여 신뢰를 얻는다면 훌륭한 사람이 될 수 있다. 하늘을 우러러보나 세상을 굽어보나 양심에 거리낄 것이 없는 삶을 살자. 양심을 저버리고 자신의 욕구에만 충실하여 거짓된 삶을 산다면 욕구는 이루어질 수 있다. 하지만 양심이라 불리는 내적 고통이 깊은 곳에 있기 때문에 자신의 삶이 충족되지 못하고 환멸을 느낄 것이다. 양심이 부정직함을 인정하고 진실을 말하여야 한다.

신념을 가져라

진실성은 자신의 의무를 다하고 신념을 가지고 사는 것이다. 진실한 사람은 지킬 수 있는 공약만 한다. 진실하지 못한 사람은 결과에 상관없이 약속할 뿐만 아니라 이를 이행하지도 않는다. 오늘날 많은 사람들이 진실에 충실하지 못하고 자신의 신념이 아닌 대중 여론에 따라 순응하며 살아간다. 그런데 여론이 바뀜에 따라 기대했던 결과가 모두 사라지면 비로소 여론과 유행을 따르고 대중적인 가치관을 받아들이는 자체가 별 의미 없다는 것을 깨닫게 된다.

진실성을 위한 노력은 삶에서 안정감을 찾기 위한 기초가 된다. 일관성과 안정된 삶의 기초를 위해서 자신이 해야 할 의무와 진실에 기반을 둔 신념에 충실하자. 삶을 진실한 가치나 신념이 아닌 편리함에 목적을 둔다면 인생의 마지막까지 진정으로 믿는 것이 무엇인지를 모른다.

사실과 견해를 분리하라

고 정주영 회장은 사장단 회의시간에 계열사 대표들이 보고하는 내용을 듣고 "현장에 가서 직접 본 것을 보고하는 것이요? 아니면 보고 받은 것을 가지고 임자의 견해를 보고하는 것이요?"라고 질문하면서 앞으로는 직접 가서 본 사실을 가지고 보고하라고 지시했다고 한다.

진실성이란 사실과 견해를 분리하는 것이다. 예를 들어, 직장에서 보고할 때는 사실만을 전달해야 한다. 어떤 과제를 진행할 때 잘 되어가고 있다고 말하는 것이 사실에 근거한 것이 아니라면 자신의 견해임을 분명히 밝혀야 한다. 사실과 의견의 전달방법을 잘 숙지하여 동료들이 사실에 근거한 의견으로 이익을 얻도록 하자.

진실성의 품성 핵심 포인트

1. 진실성은 과거의 사실을 정확히 말함으로써 미래의 신뢰를 얻는 것이다.
2. 개인적인 이익을 위해 속이고 싶은 유혹을 극복하는 열쇠는 진실성의 품성을 갖는 것이다.
3. 진실성은 자신의 품성을 바르게 평가하는 것이다.
4. 항상 최선의 의도를 가지고 말하는 것이 진실성의 품성을 갖는 것이다.
5. 진실성이란 편안함보다는 진실한 것에 더 중점을 두는 것이다.
6. 진실성의 품성을 가진 사람은 정직하기 위해 노력한다.
7. 잘못된 일의 근본을 다스리지 않으면 오히려 더 큰 해를 입는다.
8. 다른 사람의 물건을 소중히 여기는 것도 진실성이다.
9. 진실성은 직장에서 처음 동의했던 행동과 약속을 지키는 것이다.
10. 정직하기 위해 본 손해는 신용을 위한 정당한 투자가 될 수 있다.

6장

신중함, 분별력의 품성

인식과 더 깊은 이유

신중함이 없는 큰 능력은 비극적 결과를 초래하지만, 사물을 명확히 판단할 수 있으면 모든 일에 가장 적합한 대처를 할 수 있다. 신중함과 분별력의 품성을 지닌 사람은 크게 실수하지 않는다. 문제를 여러 각도에서 분석하여 문제의 참 원인을 찾아 대처를 적절하게 잘한다.

자신의 행위에 신중한 여우

1. 부정적인 결과를 인식하고 피하는 신중함

신중함은 그릇된 결과를 가져올 수 있는 말과 행동을 인식하고 피하는 것으로 나쁜 결과를 미연에 방지하는 경계심과 비슷한 개념이다. 부정적인 결과를 자연스럽게 피할 수 있다면 매우 다행스러운 일이다. 하지만 인식했어도 피하지 못했다면 어리석은 것이다. 신중함의 품성을 계발하여 슬기롭고 현명한 삶을 살자.

신중함의 바른 품성 자가진단

나는 신중함의 바른 품성을 지닌 사람인가?
　다음의 문항들은 신중함의 바른 품성을 자가진단하는 데 절대적인 기준은 아니지만 적합한 내용이라고 생각한다.

각각의 문항에 대해서 매우 잘 알고, 매우 잘 실행하고 습관화되어 있다면 '○'에, 보통 이하라고 판단되면 '△'에 체크한다. '△'에 체크된 항목 즉 자신이 부족한 부분을 집중적으로 계발하고, 다시 진단하여 변화된 상태를 점검하고, 모든 문항에 대해서 '○'에 체크될 때까지 훈련하는 기회로 삼자.

신중함 진단시트

NO	진단 내용	진단 ○	진단 △
1	나는 항상 선한 말을 지혜롭게 잘한다.		
2	나는 주변 사람들의 필요를 매우 주의 깊게 살핀다.		
3	나의 최선이 상대에게는 최악이 될 수 있음을 인식하고 조심성 있게 말과 행동을 한다.		
4	나는 일의 전반적인 내용과 방법을 모를 때 최대한으로 신중함을 기한다.		
5	나는 친구들과의 관계에서도 조심성 있게 판단하고 말과 행동을 한다.		
6	나는 약속을 신중하게 하고 약속했다면 반드시 지킨다.		
7	나는 일의 가치를 고려하고, 가치가 있다고 판단되는 일을 한다.		
8	나는 어려움을 겪을 때 나의 태도를 점검하고 어려움을 통해서 성장하고자 한다.		
9	나를 화나게 하는 상황에서도 분노하지 않고 더 큰 그림을 생각한다.		
10	나를 비판하는 말을 들을 때 신중히 생각하고 이를 통해 배우도록 노력한다.		

신중함의 바른 품성계발과 실행가이드

어려움을 통해서 성장하라

신중함의 품성을 지닌 사람은 자신과 주변에 대한 평가를 기꺼이 받아들인다. 평가에 대한 성급한 반응은 평가를 비난으로 받아들인 것으로 볼 수 있어 오히려 문제를 증가시킬 수 있다. 평가에 대해서 신중하게 대처하고 이를 통해 배우도록 노력해야 발전할 수 있다.

컨설팅하기 위해서 회사를 진단하고 관련된 사람들에게 진단 결과를 발표할 때 칭찬과 격려도 하지만, 향후 발전적인 변화를 위해서 현장의 문제점을 냉철하게 평가하고 개선방향을 설명한다. 이때 소수이긴 하지만 평가를 비난으로 받아들이고 흥분하는 사람도 있다. 다행히도 대부분의 사람들은 평가를 비난으로 받아들이지 않고 문제점을 구체적으로 지적한다는 신중한 자세를 가진다.

신중한 사람은 평가하는 사람에게 대항하고 싶어지는 유혹으로부터 자신을 지켜내는 사람이다. 더 나아가 그는 평가에 대처하는 것이 마치 금을 캐는 것과 같이 상대의 평가 속에서 귀중한 금 조각을 찾아 자기 자산으로 삼는 사람이다. 금광석은 처음 발견되었을 때 대부분이 빛을 내지 않은 돌에 지나지 않는다. 그러나 여러 단계의 세공과정을 거치면서 귀중한 금의 가치를 갖게 된다.

평가하는 사람들은 전문가로서 다른 사람의 약점에 대해서 누구보다도 큰 통찰력을 가지고 언제나 주저 없이 말해 주는 사람이다.

문화평론가, 시사평론가, 정치평론가 등 여러 분야의 평론가들이 말하는 문제 제시와 비평을 들어보면 그들의 예리한 통찰력에서 많은 것을 배울 수 있다. 무엇인가 잘못되었거나 지적을 받으면 그 원인이 무엇인지 이해할 수 있도록 한층 더 노력할 필요가 있다. 평가 등으로 야기된 어려움에 어떻게 대처하느냐에 따라 여러 가지 변화를 불러올 수 있다. 만약 평가에 분노한다면 분노는 매사를 그르치게 하기 때문에 어떤 일을 하게 될 때 문제를 해결하기도 전에 지쳐 버린다.

신중함의 품성을 지닌 사람은 어려움이 닥칠 때 분노하지 않고 행동에 앞서 그 어려움을 통해서 더 큰 그림을 그려 보는 사람이다. 신중함은 어려울 때 태도를 점검하는 것으로 어려움을 통해서 더 성장할 수 있게 한다.

약속을 신중하게 하고 반드시 지켜라

약속을 지키는 것은 신뢰의 기본이고 척도이기에 약속은 신중하게 하고 마땅히 지켜야 한다는 것은 누구나 잘 알고 있다. 약속은 사람과 사람간의 관계에서 가장 우선되어야 하는 것으로 지키지 않으면 자신의 의지와 상관없이 상대에게 피해를 줄 수 있다. 그래서 약속을 신중하게 하고 그 약속을 반드시 지킬 때 사람들과 더욱 좋은 관계를 맺어나갈 수 있다.

가정에서도 부모가 열심히 살며 자녀와의 약속을 지키고자 노력하면 자녀들도 부모와의 약속을 지키려고 노력한다. 나는 자녀들에게 유산은 남겨줄 수 없지만, 공부를 하겠다면 끝까지 지원해 주겠다고 약속했다. 큰딸은 대학을 마치고 문화 예술경영, 작은딸은 대학 1학년을 중퇴하고 미술을 공부하고자 프랑스로 유학을 갔다.

나의 형편을 알고 있는 주위의 지인들은 "나의 형편에 두 애를 유학시키는 것이 무리라며 애들 교육시키려다가 노후는 어쩔 거냐"는 등의 걱정을 듣기도 했다. 하지만 끝까지 지원하겠다는 약속을 지키기 위해서 어려운 가운데서도 학업에 필요한 것이라면 따지지도 않고 무조건 최우선으로 지원해 주었다. 애들도 공부하는 것 외에는 어떤 지원도 받을 수 없다는 것을 알고 있기에 유학기간 동안 학업에 정진했다.

큰딸은 자리에 너무 오래 앉아 의자에 닿는 부위가 짓물러서 한때 변기에 앉아 공부했다고 했다. 작은딸 친구가 "너는 외로운 타국에서도 어떻게 그렇게 모범적일 수가 있니?"라고 하면 "부모님이 지원해 주실 때 미래를 준비해야 하니까?"라고 말했다고 한다.

그리고 많은 학생들이 있는 가운데 교수님이 "이 학생이 바로 너희들의 본보기다"라고 말씀하셨을 때 프랑스 친구들은 "우리는 그렇게 하는 것이 바로 죽음이에요"라고 아우성을 쳤다고 한다. 그때 작은딸도 웃으면서 교수님에게 "저는 엄마 아빠가 어려운 가운데서도 약속을 지키시며 저를 바라보고 계시기 때문에 공부를 열심히 할 수밖에 없어요!"라고 말했다고 했다. 그러면서 "조금이라도 엄마, 아빠의 부담을 덜어드리기 위해 유급해서는 안 된다는 각오로 공부했어요"라고 말해 우리 부부를 감동시켰다.

　프랑스는 유급과 탈락을 하지 않고 정상적으로 대학과 대학원을 졸업하기가 쉽지 않다. 작은딸은 대학입학 동기가 48명이지만 5년을 공부한 후 정상적으로 졸업한 학생이 7명이라고 한다. 나머지 학생들은 유급 내지는 타대학으로 편입 또는 탈락한 것이다.

　한마디의 말은 상대방에게 전폭적인 신뢰를 주기도 하고 서로의 믿음을 깨기도 한다. 따라서 지킬 수 없다면 의례적인 약속이라도 하지 않는 것이 좋다. 그리고 약속했다면 반드시 기억하거나 기록하여 지켜야 한다.

가치를 느끼게 하라

생산성이란 가치 있는 일의 결과이고, 생산의 엔진은 바로 사람이다. 대다수의 회사가 생산성을 높이고자 경쟁하도록 유도한다. 그런데 사람은 경쟁 원리로만 움직이지 않는다. 사람은 본능적으로 가치가 없는 일을 하기 싫어하기 때문에 어떤 일을 선택할 때 자신들의 이득 여부를 떠나 무의식 상태에서 가치가 있다고 판단되는 일을 하려는 경향이 있다. 일에 대한 가치를 느끼는 보람과 성취감은 기업경영에 매우 중요하다. 인간존중 경영은 가치가 없는 일을 배제하고 가치가 있는 일을 하게 하는 것이다.

　나는 현장에서 '청소는 점검이다'라는 의미로 사원들이 자신의 일터와 설비를 청소하면서 결함을 발견하고 발견된 결함을 복원하거나 개선하라고 지도했다. 그리고 설비청소는 설비의 바람직한 상태를 유지하는 보전활동의 기본으로 그 가치는 먼지 등 더러움으로 인한 설비 고장과 제품불량 등을 사전에 예방할 수 있음을 보여 주었다. 그뿐만 아니라 청소는 설비의 열화(劣化)도 방지하고 설비 수명도 연장할 수 있으므로 원가절감에도 기여하는 등의 가치도 인식시켰다.

회사에서 신중함의 품성을 지닌 관리자는 인간 존중의 경영을 실현하는 사람이다. 그는 생산성 향상을 위해서 사원이 일에 대한 가치를 함께 공유할 수 있는 의사소통이 매우 중요하다고 생각하고, 융통성 있게 자신의 시간을 사용하여 가치가 있는 일을 가장 잘 수행할 수 있는 방법을 찾고 실행할 수 있다.

주변 사람들의 필요에 민감하라

신중함의 품성을 지닌 사람은 주변 사람들의 필요에 대해서 주의한다. 신중함은 자기에게만 이롭게 되도록 생각하거나 행동하는 아전인수(我田引水)가 아니라 다른 사람을 생각하고 배려하는 것이다. 만일 동료가 전화하고 있다면 소음을 삼가는 등 방해가 될 만한 행동을 하지 않는 것이다. 그리고 상사나 고객이 선호하는 색이 있으면 특별히 기록해 두었다가 보고서나 결재 등의 서류철이나 결재판에 선호하는 색을 사용하는 것이 바로 신중을 기하는 태도다.

프랑스 유학시절 프랑스 친구 아버님의 상가에 조문을 갔다. 조의를 표하려고 보니 프랑스의 조문 예절을 알지 못해서 말과 행동을 어떻게 해야 할지 갑자기 당황하면서 말을 실수한 적이 있었다. 또한 아내가 프랑스에서 큰딸을 출산할 때도 그곳 병원 환경에 적응하지 못해서 어려움이 있었다. 아내가 고통으로 인해 소리를 지르자 간호사가 다른 사람들이 있으니 소리를 내지 말라는 주의를 주었다. 주위를 살펴보니 다른 산모들은 고통을 호흡으로 조절하고 있었다. 그들이 타인에게 방해가 되지 않으려는 태도를 보고 타인에 대한 배려를 다시 한 번 되돌아보는 계기가 되었다.

다른 지방이나 해외여행을 할 때 그 지방의 예의를 갖추기 위해서는 그곳 풍습에 관한 정보를 수집하고 잘 관찰해서 가는 곳마다 적합하게 적용하는 것이 지혜롭고 신중한 행동이다. 현지 주변 사람들의 필요에 알맞은 좋은 예절을 개발하는 것도 신중함이다. 어디에서나 좋은 예의범절을 보이겠다는 마음을 항상 갖도록 하자.

조심성 있게 말을 선택하라

가정이나 직장에서의 신중함은 싸움과 갈등을 유발시킬 수 있는 말을 하지 않도록 조심하는 것이고, 서로 비난하는 부정적인 몸짓이나 언어 즉, 말을 삼가는 것이다. 말을 가려서 쓸 줄 모르는 사람은 말할 줄 모르는 사람이다. 말 중에서 가장 부정적인 영향을 주는 말은 "아무도 듣지 않거나 문제가 없을 것이다"라고 생각하고 사용하는 말이다.

항상 조심성 있게 말을 선택하는 습관을 길러야 한다. 공식적인 자리에 있을 때만큼 사적인 자리에서도 신중함을 가지고 말하는 습관을 가질 필요가 있다. 말은 한 사람의 입에서 나오지만 천 사람의 귀로 들어간다고 한다. 이는 꼭 필요한 말도 하지 말라는 것은 아니다. 단, 말을 신중하게 선택하고 사적으로 나눈 것들에 대해서도 언제나 공적으로 대답할 수 있도록 해야 한다는 것이다.

대기업 회장 또는 국회의원 등 고위 지도층 인사들이 사적인 식사 자리 등에서 여러 사람 앞에서 무심코 한 말이 본인도 곤경에 처하고 사회적으로도 물의를 일으키는 것을 뉴스를 통해서 종종 볼 수 있다. 무심코 버린 담배꽁초가 산불이 되어 막대한 피해를 주는 것처럼 작은 실수가 큰 화를 초래할 수 있다는 것을 깨닫고 주의하자.

경영자가 생산성 향상을 위해 직원들의 잘못을 꾸짖을 때 화가 난다고 말을 거칠게 함으로써 직원들의 사기를 저하시키고 일할 의욕을 잃게 하는 악순환을 가져와 오히려 생산성이 저하되는 안타까운 현장을 본 적이 있다. 경영자가 사원에게 지시를 내릴 때나 책임을 이행해 나가기 위한 태도 등을 가르칠 때에도 지혜롭게 말하는 것이 매우 중요하다. 이런 의미에서 신중함은 말과 균형을 이룬다.

미리 이해하도록 노력하라

로봇을 연구하는 연구소에서 로봇개발 팀장이 자신들이 개발한 로봇을 시험 가동하는 중에 잘못된 프로그램을 입력함으로 로봇 팔의 오동작으로 머리를 맞아 병원에 입원하는 해프닝이 있었다.

신중함은 다른 사람들이 심각한 부상을 초래할 수 있는 설비를 함부로 다루지 않고 설비의 잠재된 위험에 대해서도 숙지하는 것이다. 예를 들어, 실수로 로봇 등 자동화 설비의 컴퓨터 파일이 삭제되거나 오동작으로 안전사고가 발생하지 않도록 사전에 대비함은 물론 컴퓨터에 입력하는 작업명령이 어떤 결과를 가져오는지 반드시 숙지하는 것이다. 이런 의미에서 신중함과 경계심은 균형을 이룬다.

신중함은 미리 이해하도록 노력하는 것이다. 일하는 데 있어서 그 일의 전반적인 내용을 이해하지 못해서 어떻게 해야 하는지, 어떤 부작용이 있는지 등을 알지 못할 수 있다. 때로는 어떤 결과가 발생할지에 대해서 듣지도 못한 채 일을 지시받기도 한다. 이러한 경우 최대한으로 신중함을 기해야 한다. 어떤 과제를 성공적으로 이끄는 데 가장 큰 피해를 끼치는 방해물은 그것을 이행하기 위해서 사용되었던 방법들 가운데 숨겨져 있다. 사고를 미연에 방지할 수 있도록 미리 이해하는 신중함으로 언제나 무장되어야 한다.

정중함을 지켜라

간단한 말로도 남을 감동시키거나 남의 약점을 찌를 수 있음을 이르는 촌철살인(寸鐵殺人)처럼 말이 세면 사람에게 치명적인 상처를 줄 수 있지만, 은혜로운 말은 사람의 상처를 치료하며 생명을 주기도 한다. 우리가 얼마나 많은 말을 하고 살며, 얼마나 독이 되는 말을 하는지 곰곰이 생각할 필요가 있다.

평소에 정중하게 타인을 대하는 사람도 때때로 농담을 하여 사람들의 사랑을 받기도 하고, 농담 한마디로 귀찮은 일에서 간단히 벗어나기도 한다. 그러나 그럴 때도 지혜와 품위에 대한 존중은 잃지 않아야 한다.

나는 농담을 잘하지 못하는 편이다. 그래서 거의 농담을 하지 않지만 주변을 보면 분별없이 농담을 너무 자주하는 사람들이 있다. 그들이 진지하게 말할 때도 사람들은 농담으로 받아들인다. 농담을 여유롭게 받아들일 줄 아는 것은 현명한 것이다. 좋은 농담은 흥겨움과 편안함을 주기도 한다. 그러나 농담하기 전에 상대방이 어떤 기분이며 농담을 받아들일 수 있는지를 살피는 것이 좋다. 때로는 농담을 하더라도 대부분의 시간을 진지하게 보내는 것이 바람직하다고 생각한다. 지혜롭고 신중한 사람들은 내키는 대로 말하는 것이 아니라 정중함을 지키며 말한다.

역린을 고려하라

신중한 사람은 말의 진의를 넘어서 그 말이 실제로 어떠한 결과를 가져오는지를 고려한다. 그는 아무리 좋은 충언이라도 역린을 건드리지 않도록 하라는 역린지화(逆鱗之禍)의 의미를 실천한다. 용은 원래 순한 동물이어서 길을 잘 들이면 타고도 다닐 수 있으나 목 근처에 있는 거꾸로 된 비늘을 잘못 건드리면 용이 그 사람을 반드시 죽인다. 사람도 누구나 이 같은 역린, 즉 약점을 가지고 있을 것이다. 누구나 자신의 약점을 지적하면 싫어하기 때문에 상대방의 약점을 건드리면서 그 사람과 좋은 관계를 갖는다는 것은 매우 어려울 것이다.

다른 사람과 좋은 관계를 형성하기 위해서는 우선 말하기 전에 깊이 생각하고, 자신의 생각을 이야기할 때도 한 템포를 쉬어야 하는 슬기로움이 있어야 역린을 면할 수 있다. 뿐만 아니라 다른 사람과 좋은 관계를 형성할 수 있다. 성경에도 "어리석은 사람은 제가 한 말로 등에 매를 맞고, 슬기로운 사람은 제가 한 말로 몸을 지킨다"고 교훈하고 있다. 어리석은 사람은 말로 자신과 다른 이에게 고통을 주지만, 지혜로운 사람은 말로 다른 이에게 도움을 주고 자신도 유익함과 칭송을 받게 된다는 것이다.

덕이 있는 사람은 반드시 착한 말을 가지고 있다는 유덕자필유언(有德者必有言)이라는 말이 있다. 신중함의 품성을 지닌 사람이라면 착한 말을 지혜롭게 잘한다. 그는 다른 사람을 화나게 하거나 놀리지 않겠다는 마음가짐으로 타인의 생각을 바르게 인도할 수 있는 말을 선택한다.

서로 다름을 배려하라

상대방의 입장을 인식하고 배려하지 못하면 서로 난처하다. 학과 여우의 우화가 이를 잘 보여 준다. 학이 여우를 초대하여 긴 호리병에 맛있는 것을 주며 많이 먹으라고 했을 때 여우는 잘 먹을 수가 없었다. 다음번에는 여우가 학을 초대하여 접시에 맛있는 스프를 담아 주고는 많이 먹으라고 하자 학도 잘 먹을 수가 없었다. 이 우화의 내용을 보면 자신의 최선이 상대에게는 최악이 될 수 있다는 것을 느낄 수 있다.

신중하다는 것은 원인과 결과를 분별하고 부정적인 결과를 가져올 수 있는 요소들을 인식하고 피하는 것이다. 이런 의미에서 신중함은 분별력 및 경계심과 균형을 이룬다. 상대방을 잘 파악하고 상대의 입장에서 생각하는 것이 진정한 배려의 첫걸음이다. 배려를 잘하려면 상대방을 인식하고 서로의 고유함을 인정해야 한다. 이 세상에는 많은 사람이 있지만 똑같은 사람은 없다. 따라서 서로 생각이 다를 수 있음을 인식하되 상대는 자신과 같은 생각을 하기보다는 다른 생각을 할 확률이 더 높다는 것을 항상 명심하고 상대를 알아가는 일부터 시작해야 한다.

기질적으로 보았을 때 내성적이고 완벽주의 우울질과 평온한 점액질인 사람들은 다른 사람들을 배려하고 모든 일을 사려 깊게 생각하며 질서정연하고 신중하게 말과 행동을 하는 강점이 있다. 그러나 외형적이고 낙천적인 다혈질과 역동적인 담즙질인 사람들은 상황에 따라서 말과 행동을 하는데 신중하지 못한 경향이 있다. 그들은 자신이 하는 말이나 행동이 상대에게 상처를 주거나 부정적인 결과를 가져올 수 있는 것을 인식하지 못하고 조급하게 다른 사람들의 말을 막고 때로는 충동적으로 생각 없이 말하는 것이 약점이다.

다른 사람들과의 관계에서 타고난 기질과 상관없이 생각나는 대로 표현하지 말고, 좀 더 생각하며 부드럽게 표현하도록 하는 신중함이 필요하다. 특히 다른 사람들을 조종하려 하지 말고, 논쟁하거나 문제를 야기시키지 말아야 한다. 삼사일언(三思一言:세 번 생각하고 말하라)과 삼사일행(三思一行:세 번 생각하고 행동하라)의 사자성어를 알고 있을 것이다. 둘 다 부정적인 결과를 가져올 수 있는 말과 행동을 인식하고 피하라는 신중함의 중요성을 강조하고 있다.

대목수에게는 한번 자르기 위해 두 번을 잰다는 규칙이 있듯이 신중함의 품성을 가진 사람은 업무를 실행하는 방법이 그 업무 자체만큼 중요하다는 것을 인식하고 있다. 그리고 말과 행동, 태도가 업무를 실행하는 데 있어서 직접적인 영향을 미친다는 것도 잘 알고 있다. 어떤 사람들은 자신들의 말과 행동 그리고 태도로 인해 야기되는 피해에 대해 미처 주의하지 않을 수 있다. 그러나 자신이 취한 행동으로 인해 발생될 결과에 대해서 미리 고려해야 한다.

신중한 사람은 다른 사람의 마음을 상하지 않게 하기 위해서 자신이 할 수 있는 행동을 포기하는 사람이다. 그는 다른 사람을 존중하기 위해 자신의 자유를 제한할 수 있는 사람으로 타인에게 언제나 존경받는다.

1. 신중함은 좋지 않은 결과를 가져올 수 있는 말과 행동을 인식하고 피하는 것이다.
2. 신중함은 조심성 있게 판단하는 것으로 조심성은 신중함과 밀접한 관계에 있다.
3. 나의 최선이 상대에게는 경우에 따라서 최악이 될 수 있다.
4. 신중함은 지도자의 위치에 있는 사람에게 더욱 중요하다.
5. 조직이 변화하기 위해서는 말을 신중하게 하는 변화가 우선이다.
6. 신중함의 품성을 지닌 사람은 고운 말을 지혜롭게 잘 사용한다.
7. 신중한 사람은 다른 사람의 마음을 상하게 할 수 있는 행동을 포기하는 사람이다.
8. 신중한 사람은 주변 사람들의 필요를 주의 깊게 살핀다.
9. 신중한 사람은 비평 속에서 배울 것을 찾아내 자기 자산으로 만든다.
10. 신중한 사람은 어려움이 닥칠 때 분노하지 않고 행동에 앞서 더 큰 그림을 그려본다.

가장 좋은 기회를 포착하는 살쾡이

2. 더 깊은 이유를 이해하기 위한 분별력

분별력은 어떤 일이 발생하는 이유를 더 깊게 이해하고 올바르게 대처하기 위해 무언가를 알아내려고 노력하는 것이다. 분별력은 원인과 결과를 사려 깊게 생각하는 훈련된 사고의 열매로 분별력의 품성을 지니는 것이 쉽지 않다. 분별력의 품성을 계발하여 상황에 올바르게 대처할 수 있는 능력을 가지고 과학적인 삶을 살자.

분별력의 바른 품성 자가진단

나는 분별력의 바른 품성을 지닌 사람인가?

다음의 문항들은 분별력의 바른 품성을 자가진단하는 데 절대적인 기준은 아니지만 적합한 내용이라고 생각한다.

각각의 문항에 대해서 매우 잘 알고, 매우 잘 실행하고 습관화되어 있다면 'ㅇ'에, 보통 이하라고 판단되면 '△'에 체크한다. '△'에 체크된 항목 즉 자신이 부족한 부분을 집중적으로 계발하고, 다시 진단하여 변화된 상태를 점검하고, 모든 문항에 대해서 'ㅇ'에 체크될 때까지 훈련하는 기회로 삼자.

분별력 진단시트

NO	진 단 내 용	진단	
		ㅇ	△
1	나는 현상을 어떻게든 좋은 방향으로 개선하고자 하는 문제의식이 강하다.		
2	나는 문제를 근본적으로 해결하고자 '왜'를 여러 번 반복한다.		
3	나는 연관된 원인과 결과의 이치를 이해하는 원칙을 통해 문제 해결을 예측한다.		
4	나는 양심의 소리에 귀를 기울여 선과 악을 분별한다.		
5	나는 이미 알고 있는 것들을 통해서 알지 못하는 부분까지도 새롭게 깨닫는다.		
6	나는 만나는 사람들이 중요하게 생각하는 가치들을 분별할 수 있다.		
7	나는 지식과 지혜를 동시에 융합하여 좋은 결과를 얻을 수 있다.		
8	나는 사고의 범위가 넓고, 진정한 문제가 어디에 있는지 잘 판단할 수 있다.		
9	상대방이 나를 신뢰하고 있다는 확신이 들 때 충고와 비평을 한다.		
10	나는 다른 사람의 스트레스가 무엇인지를 이해하고 필요한 것을 지원한다.		

분별력의 바른 품성계발과 실행가이드

'왜'를 반복하라

'왜'를 반복한다는 것은 어떤 현상에 대해서 근본적인 대책을 세우기 위해 철저하게 생각한다는 것을 의미한다. 어떤 문제가 발생하였을 때 문제의 본질에 접근하기 위해서 어떤 세부사항에 집중해야 하는지, 표면상의 문제들을 단계적으로 추적하기 위해서 '왜'를 반복하는 기법을 적용하여 문제를 근본적으로 해결하기도 한다.

예를 들어 보자. 공장에서 갑자기 차단기가 떨어져서 생산설비가 정지했다면 표면상의 문제는 차단기의 문제다. 하지만 보이지 않은 첫 번째 원인은 차단기에 과전류가 흘렀기 때문이다. 그런데 왜, 과전류가 흘렀는지 추적하면 마찰 저항력이 크기 때문임을 알 수 있다. 왜, 마찰저항이 큰가에 대한 원인을 분석해 보면 윤활유를 공급하는 펌프의 성능에 문제가 있었다. 왜, 윤활 펌프의 성능이 문제인지 추적해 보면 윤활유에 이물질이 들어갔기 때문이다. 결국 생산설비가 정지한 본질은 윤활유에 이물질이 들어간 것이다. 따라서 윤활유에 이물질이 투입되지 않게 개선하는 것이 생산설비 정지에 대한 근본적인 대책이 된다.

이렇게 '왜'를 반복한다는 것은 보이는 것으로부터 보이지 않는 것을 예측하고 유형에 따라 전체를 판단하는 능력으로 분별력의 경험을 쌓아 가는데 도움이 된다.

문제의 핵심을 파악하라

앞의 사례에서 보았듯이 원인과 결과의 순서를 생각할 수 있는 능력이 있어야 문제의 근본 원인을 추적할 수 있다. 그리고 문제에 대한 중요한 본질이 무엇인지 알 수 있기 때문에 가장 적합한 개선의 기회를 잡을 수 있다.

분별력은 문제해결의 원칙을 통해 예측하는 것이지 추측하는 것이 아니다. 연관된 원인과 결과의 이치를 이해하는 것만으로도 자신감을 가지고 결과를 예측할 수 있다.

분별력은 나쁜 결과의 원인을 알아낸다는 의미에서 문제해결과 밀접한 연관이 있고, 이미 알고 있는 것들을 통해서 알지 못하는 부분까지도 새롭게 깨닫는 것이다. 이처럼 분별력의 품성을 지닌 사람은 발생된 문제의 원인을 지적하고 객관적으로 알아낼 수 있는 능력이 있는 사람이다. 그는 때에 따라서 눈에 보이는 문제부터 몇 발자국 물러나 눈에 보이지 않은 원인을 발견한다.

만일 원가상승과 생산성이 저조하다면 나타난 현상만을 위해 생산을 늘리려고 애를 쓰지 않는다. 생산성 향상과 원가절감을 하기 위해서 "낭비란 무엇인가?"라는 테마에서 시작하여 "낭비를 발생시키는 진정한 문제는 무엇인가"라는 질문을 통해 문제의 핵심을 점진적으로 알 수 있도록 한다. 또한 그는 분별력을 통해서 무엇이 생산성 저하와 원가상승의 결과를 초래하는지 문제를 발견한다. 그리고 문제를 해결하기 위해 어떻게 하면 좋을지 개선 방법을 여러 각도에서 분석하여 생산성 향상과 원가절감을 위한 가장 적합한 대책을 세울 것이다.

아는 것만큼 보인다는 말이 있다. 분별력은 현미경 눈 또는 망원경 눈으로 문제의 핵심을 파악하는 것이다. 필자가 처음 컨설팅을 시작한 1988년에 일본인 컨설턴트와 함께 공장자동화 및 생산성에 관한 현장진단을 하기 위해서 수원에 있는 S그룹 전자단지를 방문했다. 그는 50대 중반이며 컨설팅 경험이 20년 이상 되는 노련한 컨설턴트였다. 그가 현장을 돌아보는 것만으로도 현장의 문제점을 구체적으로 바라볼 수 있는 것에 놀랐다.

그뿐만 아니라 풍부한 컨설팅 실무경험에 의한 지식과 지혜로 보이지 않은 문제의 핵심까지도 파악했다. 진단 결과를 발표할 때 당면 문제점을 하나하나 설명하고 어떻게 추진해야 효과적인지 추진 방향까지 제시하면서 능숙하게 관련자들을 이해시켰다. 그 당시 내가 이론적으로 알고 있는 보통 눈으로 현장을 보았다. 그러나 많은 실무경험을 가진 그는 남이 볼 수 없는 것을 볼 수 있는 현미경 눈과 어떻게 추진해야 효과적인지 추진 방향까지 제시하는 망원경 눈으로 현장을 보았다.

그때 나는 '실무적으로 얼마나 많은 경험과 학습을 하면 현장을 돌아보는 것만으로도 문제점을 구체적으로 분별할 수 있고, 추진 방향까지 구체적으로 제시할 수 있을까?' '나도 할 수 있을까' 하는 생각이 들었다.

분별력의 바른 품성은 학습과 실무경험을 통해서만 향상시킬 수 있기 때문에 분별력 있는 전문가가 되기 위해서는 실무경험과 자신이 일하는 분야의 전문서적을 많이 읽는 것이 필요하다고 생각한다. 책은 사람이 만든 것이다. 하지만 그 책을 통해서 사람이 만들어지고 변화된다. 나는 컨설턴트로서 '항상 현상을 보고 문제의 본질이 무엇인가? 어떻게 하면 변화와 개선을 할 수 있을까?'를 알고 최적의 성과를 이룰 수 있는 방향을 잘 제시해야 한다. 따라서 내가 뉴스를 보고 전문가의 의견을 듣고 책을 읽는 이유는 분별력의 품성을 가진 사람이 되기 위해서다.

지식과 지혜를 융합하라

왜 전문가들이 성공하는가?

그들은 지혜와 지식으로 분별력을 향상시켜 어떤 일을 할 때 시너지 효과를 내어 좋은 결과를 얻을 수 있기 때문이다. 그들은 다른 사람들이 모르는 "아, 이것이 문제구나" 하는 자율성을 지닌 문제의식의 지식이 있고, 또 "이렇게 하면 되겠구나" 하는 자립성을 가진 해결방법의 지혜가 있다. 그들은 평생 동안의 경험을 근거로 해서 풍부한 지혜와 지식을 가지고 문제를 바라볼 수 있는 능력과 해결할 수 있는 방법을 지니고 있다. 경험은 분별력의 가장 위대한 방법 또는 조건 중 하나이기 때문에 이전에 여러 번 경험했던 일에 대해서는 문제의 핵심을 재빨리 분별할 수 있다.

지식은 "이렇게 하면 좋은 결과를 얻을 수 있다"라는 노하우의 원천으로 과거와 현재의 경험들을 통해 배워나간다. 그런데 지혜는 아직 나타나지 않은 것을 미리 보고 생각할 수 있다. 즉, 지혜란 "아직 이런 것은 없는데 이런 것을 하면 잘 되겠구나"라고 생각할 수 있는 미래다. 지식이 현미경 눈이라면 지혜는 망원경 눈이다. 지혜와 지식은 서로 구별되지 않고 하나로 융합되어 상승작용을 일으키기도 한다. 성경에도 '지혜 있는 사람은 강하고 지식 있는 사람이 힘을 더하나니 지혜에 지식을 더하면 금상첨화다'라고 지식과 지혜에 대해 교훈하고 있다.

지혜롭게 사는 사람은 분별력을 갖고 있기 때문에 질 것 같은 상황에서도 이기고, 망할 것 같은 상황에서도 성공한다. 지혜롭지 못하고 미련한 사람은 근시안적 사고로 같은 실수를 반복하여 발전이 없다. 지혜로운 사람은 지식을 바탕으로 더 나은 노하우를 활용하기 때문에 점점 발전적인 방향으로 나아간다. 분별력의 품성은 지식과 지혜를 동시에 융합하는 능력으로 성공적인 삶의 방향을 생각하게 한다.

상대의 가치를 높게 평가하라

'서로 다름을 이해하라'에서 설명한 기질은 2400년 전 히포크라테스가 사람의 병을 치료하기 위해서 연구한 것이다. 이것은 조선시대 의학자 이제마의 사상의학(四象醫學 : 사람의 체질을 태양인, 태음인, 소양인, 소음인으로 나누어서 같은 질병이라도 체질에 따라 다른 약을 써야 한다고 주장)과 같은 맥락이다.

모든 사람들은 태어날 때부터 자신들만의 독특한 기질을 가지고 있지만 유사한 점들도 가지고 있다. 앞에서 설명한 기질의 특성은 크게 외적 성향의 낙천적인 다혈질과 역동적인 담즙질, 내적 성향의 완벽주의 우울질과 평온한 점액질의 네 가지로 크게 구분한다. 대부분의 사람들은 네 가지 기질 중 하나를 대표 기질로 가지고 있다. 가진 기질에 따라 추구하는 가치관도 다르다.

내가 컨설팅하는 회사에서 경영자를 포함한 전 직원들을 대상으로 기질교육을 시키고 기질검사를 했다. 그들이 각자의 기질을 알고 자신이 갖고 있는 가치관을 서로 밝힘으로서 문제가 발생되었을 때 서로의 차이를 이해하고 더욱 협력하는 관계로 발전하기 위해서다. 회사는 직원들의 기질검사 결과를 향후 인력 관리에 참고로 사용하기 위해서 데이터화까지 했다. 실제로 기질을 파악하기 전보다 원활한 의사소통으로 근무 분위기가 협력하는 관계로 변화되는 효과가 있었다.

분별력의 품성을 가진 사람은 기질이 다른 여러 사람들 속에서도 리더십을 발휘할 수 있는 사람으로 주변사람들과 함께 공감하면서 자유롭게 행동하는 자율적인 사람이다. 그는 스스로 생각하는 사고의 범위가 넓고, 다른 사람의 문제를 직시하며, 진정한 문제가 어디에 있는지 판단하는 힘이 있다. 그리고 더 깊은 이유를 파악할 수 있는 능력을 가지고 가까운 사람들이 중요하게 생각하는 가치들을 분별할 수 있다. 만약 누군가가 그와 다른 방식으로 반응한다면 다른 사람의 생각과 필요를 이해하기 위해서 항상 질문한다는 마음가짐을 가진다. 그리고 그는 다른 사람들의 생각이 자기와 다른 것을 높게 평가하고 배운다.

다른 사람의 스트레스를 이해하라

인생은 지극히 복잡하기 때문에 살아가면서 이성적인 생각을 방해하는 많은 문제들이 있다. 가정에서 받는 스트레스가 직장에서 근무하는 데 영향을 미칠 수 있고, 직장에서 일에 대한 중압감도 가정생활에 해를 끼칠 수 있다.

분별력이란 동료나 가족 구성원이 스트레스를 받거나 심리적으로 위축될 때 먼저 그들의 스트레스가 무엇인지를 이해하려고 하는 것이다. 즉 스트레스의 원인이 업무인지, 동료인지, 아니면 그의 가족이나 개인적인 상황의 문제인지를 알아내서 필요한 것을 지원함으로서 용기를 북돋아 주는 적절한 조취를 취하는 것이다. 이때 주의해야 할 점은 어떻게 문제를 해결해야 되는지를 말하는 동안 오히려 심각한 문제를 야기할 수도 있다.

따라서 개인적으로 관심이 있어도 상대방이 신뢰하고 있다는 확신이 들 때까지 다른 사람들의 문제를 해결하기 위해 뛰어들지 말아야 한다. 믿음보다는 오해를 받고 건강한 관계를 갖는 데 방해가 될 수 있다. 바른 분별력의 품성을 세우고 충고와 비판을 자제하면서 주변사람의 사생활을 침범하지 않는 선에서 관심을 갖는 것이 좋다. 물이 맑으면 큰 물고기가 살지 못하듯이 사람이 너무 똑똑하면 오히려 남이 꺼려 하여 벗을 사귀지 못함을 뜻하는 수청무대어(水淸無大魚)라는 성어의 의미를 명심해 가면서 분별력을 활용하는 것이 좋다.

자신의 진정한 의도를 파악하라

복숭아를 살 때 복숭아의 외형만 보고 맛있는 것인지를 판단하는 경우가 많다. 그러나 가장 먹음직스럽고 아름다운 복숭아 속에 벌레가 있는 것을 가끔 발견한 적이 있을 것이다. 복숭아의 외형만으로 그 속에 벌레가 있는지를 분별하기란 어렵다.

사람도 마찬가지이다. 사람의 겉모습만으로 그 안에 숨겨진 동기를 분별하기란 어렵다. 그런데 사람들은 자기 자신의 깊숙한 마음을 알아채는 것보다는 다른 사람의 감추어진 동기를 찾아내는 것을 더 쉽게 한다. 어떤 사람이 이기적인 의도를 가지고 있는지 여러 증거를 통해서 분별해내고 판단하기도 한다. 그런데 자신이 잘못하여 양심이 힘들어질 경우에는 다른 사람들을 판단할 때처럼 잘못을 냉정하게 분별해내지 못하고 오히려 정당화하기에 힘쓴다.

분별력은 자신의 진정한 의도가 무엇인지 파악하는 것으로 자기 내면의 소리에 귀를 기울여 무엇이 옳고 그른지를 판단하고 옳은 것을 선택할 수 있는 능력이다. 다른 사람의 숨겨진 의도를 찾아내려고 애쓰기보다는 자신 안에 있는 의도가 무엇인지를 찾아 양심의 소리에 귀를 기울여 선과 악을 분별하고, 옳은 것을 선택하는 것이 진정한 분별력을 지닌 품성의 소유자다.

분별력의 품성 핵심 포인트

1. 분별력은 발생한 이유를 더 깊게 이해하고 올바르게 대처할 수 있는 능력이다.
2. 분별력은 자기 내면의 목소리에 귀를 기울여 옳은 것을 선택하는 능력이다.
3. 분별력은 이미 알고 있는 것들을 통해서 알지 못하는 부분까지도 새롭게 깨닫는 것이다.
4. 분별력은 과학적이고 성공적인 삶의 방향을 생각하게 한다.
5. 분별력은 연관된 원인과 결과의 이치를 이해하고 결과를 예측하는 것이다.
6. 분별력 있는 사람은 어떤 사람이 압박을 받을 때 먼저 그 압박을 이해하려고 한다.
7. 분별력 있는 사람은 현상을 어떻게든 좋은 방향으로 개선하고자 하는 생각을 한다.
8. 분별력 있는 사람은 생각하는 사고의 범위가 넓고 문제를 판단하는 힘이 있다.
9. 지식은 '아, 이것이 문제구나'이고, 지혜는 '이렇게 하면 되겠구나'이다.
10. 분별력의 능력은 학습과 경험을 통해서 향상시킬 수 있다.

7장

경청, 칭찬의 품성

가치와 인간관계

상대방을 배려하고 공감하는 경청과 칭찬은 사람의 마음을 얻는
소통을 이룬다. 경청, 칭찬의 품성을 지닌 사람은 다른 사람과 공
감하고 가치를 부여하며 배려와 격려를 잘한다.

예리한 청력을 가진 사슴

1. 가치를 보여 주는 경청

경청은 상대의 말에 대한 가치를 인정해 주는 것으로 배려와 관심을 갖는 인간관계의 기본 기술이다. 말을 배우는 데는 2년, 잘 듣는 기술을 배우는 데는 60년(耳順: 이순)이 걸린다고 한다. 그만큼 경청은 실천하기가 어렵다. 경청의 품성을 계발하여 사람의 마음을 얻는 소통을 하자.

경청의 바른 품성 자가진단

나는 경청의 바른 품성을 지닌 사람인가?

다음의 문항들은 경청의 바른 품성을 자가진단하는 데 절대적인 기준은 아니지만 적합한 내용이라고 생각한다.

각각의 문항에 대해서 매우 잘 알고, 매우 잘 실행하고 습관화되어 있다면 'O'에, 보통 이하라고 판단되면 '△'에 체크한다. '△'에 체크된 항목 즉 자신이 부족한 부분을 집중적으로 계발하고, 다시 진단하여 변화된 상태를 점검하고, 모든 문항에 대해서 'O'에 체크될 때까지 훈련하는 기회로 삼자.

경청 진단시트

NO	진 단 내 용	진단	
		O	△
1	나는 상대방이 가치가 있게 느낄 수 있게끔 그의 말에 대응을 잘한다.		
2	나는 다른 사람에게 주의를 집중해서 얻은 유익한 정보를 일상생활에 잘 활용한다.		
3	나는 상대방의 이야기를 잘 이해하고자 들으면서 중요한 사항을 메모한다.		
4	나는 일방적으로 지시와 조언을 하지 않고 우선 잘 듣고 적절한 조언을 해준다.		
5	나는 사소한 것에 연연하지 않고 항상 바르게 듣기 위해 몰두한다.		
6	나는 상대방의 진정한 생각 등을 듣고 그가 긍정적인 생각을 하도록 유도한다.		
7	나는 상대방의 말을 완전히 이해하고자 적절한 질문을 한다.		
8	나는 상대방이 자신의 모든 것을 편안한 분위기에서 표현할 수 있도록 한다.		
9	나는 상대방이 이야기할 때 적극적으로 맞장구를 친다.		
10	나는 타인의 말에 대해서 호기심을 가지고 맥락까지 헤아려 듣는다.		

경청의 바른 품성계발과 실행가이드

새로운 가치와 아이디어를 찾으라

경청은 하나하나가 아주 작고 세세한 것이다. 어떻게 보면 별것도 아니라고 느껴질 정도로 작은 것으로 생각할 수 있다. 그러나 집중해서 잘 듣고 이해하려고 노력하는 경청의 모습은 새로운 가치와 아이디어를 찾을 수 있는 기회가 될 수 있다.

나는 TPM(Total Productive Maintenance, 전원참가 생산보전)을 배우기 위해서 일본인 강사의 강의를 처음 들었을 때 강의를 이해하기 위한 기본지식이 전혀 없는 상태였다. 전공도 다르고 지금까지 해온 분야도 아니고 경험도 물론 없었다. 그래도 강의를 이해하고자 등에서 땀이 날 정도로 모든 것을 집중해서 듣고자 했다. 하지만 사용하는 용어 등이 생소하고 단순통역을 통한 교육이어서 강의 내용을 전반적으로 깊게 이해하는데 한계가 있었다.

그럼에도 강의를 이해하려고 노력한 결과 개략적인 내용이 "공장자동화 설비의 보전과 생산성 향상을 위한 관리기술"이라는 것에 주목하게 되었다. 산업용 로봇을 전공한 필자는 "이 관리기술이야말로 우리나라 산업현장에 매우 필요하다"고 판단했다. 나는 그때 경청해서 얻은 아이디어를 바탕으로 우리나라 사업장에 맞게 그 기술을 연구해서 많은 사업장에 보급하기 위한 강의와 컨설팅을 지금까지 할 수 있는 계기가 되었다.

가치를 인정해 주라

왜 사람들은 자신의 생각을 쉽게 이야기할 수 없을까? 아마도 사람들이 자신을 이해하지 못할 것이라고 생각하기 때문이다. 그들은 상대방이 잘 들어준다고 생각할 때 비로소 자신의 생각을 이야기하기 시작한다. 들어줄 수 있다는 것은 그만큼 상대의 말에 대한 가치를 인정해 주는 것이다.

나는 현장 사람들과 생산품의 구체적인 생산 과정에 대해 현장 사람들에게 질문하는 등 대화를 나누며 그들의 실무경험에 대한 가치를 인정했다. 그리고 그들의 실무경험이 생산에 얼마나 유익할 것인지를 말해 주고, 향후 방향도 제시해 주곤 했다. 이러한 현장 지도 방법을 통한 의사소통은 프로젝트를 성공적으로 이끄는 데 많은 도움이 되었다.

경청의 열쇠는 가치를 보여 주는 것으로 가장 가치가 있는 것에 관심을 집중할 수 있게 하고, 다른 사람이 가치가 있게 느낄 수 있게끔 상대방의 말에 대응하는 것이다. 경청하는 사람은 다른 사람들을 얼마나 가치 있게 보고 있는지 나타내 준다. 그리고 동시에 다른 사람들이 그를 가치 있게 보고 존경심을 갖게 한다. 이것이 경청으로 하여금 서로 간에 쌍방향 의사소통을 이루게 하는 것이다.

우선 잘 들어야 좋은 조언이나 피드백을 해줄 수 있다. 잘 들어주는 것만으로도 상대방 마음의 벽을 많이 낮추는데 기여한다. 상대방의 말에 적극적으로 귀를 기울이는 것은 "나는 당신의 의견이 가치가 있으므로 존중합니다. 나는 당신과의 관계를 소중히 생각하며, 당신은 나에게 중요한 존재입니다"라고 말하는 것이다. 말을 잘하는 것도 중요하지만 말을 잘 듣는 것은 더욱 중요하다. 그런 상대에게 냉정한 사람은 없다.

공감하라

경청이란 공경하는 마음으로 상대방의 말에 나의 모든 것을 집중함으로써 말의 의미를 깊게 듣는 것이다. 남의 말을 자르지는 않지만, 상대에게 주의를 기울이지 않거나 공감해 주지도 않고, 그저 말하도록 놓아두고 가만히 듣기만 하는 것은 상대방이 말할 의욕을 상실하여 스스로 지치게 할 수 있다.

나는 30년 이상 대학이나 기업 등에서 강의를 해왔음에도 불구하고 강의할 때 청중의 반응이 없거나 공감하지 않는다는 느낌이 들면 그 순간부터 어떻게든 공감할 수 있도록 하기 위해 강의에 더 열중하고자 노력했다. 그러나 잘하려고 노력하면 할수록 오히려 강의에 집중하지 못해 어렵게 강의를 마치는 경우가 있다. 강의 후에는 의기소침해지고 기운도 없다. 청중에게 미안하며, 나 자신이 무능력한 것 같아 우울하고 불안하기도 했다.

반면에 청중이 처음부터 강의를 집중해서 잘 듣고 공감하는 반응이 보이면 신바람이 나서 강의에만 몰두할 수 있어 힘도 들지 않았다. 즐겁게 강의하고 나면 그 후에도 피곤하지도 않고 마음이 날

아갈 듯이 가볍다.

인간의 이해력은 개개인의 경험에 따라 분명한 차이를 보인다. 하지만 대화는 주고받아야만 비로소 공감하게 된다. 공감은 상대방이 이야기를 할 때 단순히 그가 말하는 내용뿐만 아니라, 무엇을 생각하고 있는가를 이해하려고 애쓰는 것이다. 공감능력이란 상대방의 입장에 서서 처지를 바꾸어 생각해 보는 역지사지(易地思之)로 상대가 하는 말의 속뜻까지 예민하게 알아듣고 처리할 수 있는 능력을 말한다. 현대사회에서 공감을 성공의 중요한 요소로 꼽는 이유는 일 잘하는 사람보다 공감능력 즉 분위기를 잘 파악할 수 있는 사람이 성공 확률이 높기 때문이다.

집중하고 몰두하라

부부행복 프로그램에 아내와 함께 참여한 적이 있다. 강사 부부가 경험한 이야기를 듣고 방에 들어와 강의 내용에 대해 아내와 이야기를 나누었다. 갑자기 아내가 "당신과 더 이상 이야기를 할 수가 없어요. 마치 벽을 보고 말하는 것 같아요"라고 말하더니 벽을 향해 기대어 눈물을 흘리기 시작했다.

갑자기 망치로 얻어맞은 느낌이었다. "내가 무엇을 잘못했다고 이러는가?" 싶어 몹시 당황스러웠다. 나중에 아내는 "당신과 더 이상 대화가 되지 않는다고 생각하니 절망감이 들었다"고 했다. 그 당시 나는 아내의 말을 듣기보다는 사소한 것에 연연하고 대답을 생각하기에 바빠 아내의 말에 집중하고 몰두하지 못했던 것이다.

경청은 사소한 것에 연연하지 않고 상대방이 진정으로 하려고 하는 이야기의 요점을 잘 듣기 위해 몰두하는 것이다. 그리고 다른 한편으로는 상대방의 이야기를 바르게 듣고 제대로 반응하기 위해서 과거, 전해들은 말, 신체적 특성 등의 선입견을 버리고, 정서적으로 듣는 적극적인 자세를 갖추는 것이다.

편안한 분위기를 조성하라

사람은 충고를 잘 해주는 사람보다 자신의 말에 경청해 주고 반응해 주는 사람에게 더 호감을 느낀다. 설득과 조언만 하는 사람에게는 반발심이 생길 수 있다. 하지만 들어주는 사람에게는 이해받았다는 느낌이 생기므로 당연히 호감이 가기 마련이다. 듣기보다 말하기를 좋아하는 사람에게 호감이 갈 리가 없다. 좋은 얘기도 말하기에만 열중하면 상대방이 싫어할 수 있다.

나는 자녀들의 말을 끝까지 듣고 적절한 조언을 하기보다는 중간에 말을 끊고 일방적으로 지시와 조언을 해왔다. 지금은 전보다 많이 좋아졌지만 아직도 끝까지 듣지 않고 지시와 조언이 우선인 것 같은 생각이 들 때가 있다. 가능하면 끝까지 이야기를 듣고 조언이 필요할 때 적절한 조언을 하려고 노력하고 있다.

자녀에게 일방적으로 지시하고 조언하는 아버지와 자녀의 말을 잘 듣고 적절한 조언을 해주는 아버지 중 누가 좋은 아버지인가? 후자의 아버지가 좋은 아버지가 될 것이다. 기업도 마찬가지이다. 사원에게 적극적인 자세를 지니도록 하는 가장 확실하고 빠른 방법은 편안하고 진지한 대화의 장을 구조적으로 잘 유지시켜 나가는 것이다.

그런데 관리자가 사원에게 하는 말을 끝까지 경청하지 않고 중간에 사원에게 "뭘 알고 말하는 거야? 그런 방법으로 하겠다는 것은 문제가 있어. 다른 방법을 생각해봐"라고 지시하는 경우가 있다. 이럴 경우 사원들의 생각과 태도는 편안하지 않다.

관리자가 '귀 기울여 경청하는 것이 사람의 마음을 얻는 최고의 지혜에 이른다'는 이청득심(耳聽得心)'의 사고로 편안한 분위기를 조성하고 직원들의 말을 끝까지 경청한다면 경청의 바른 품성은 유익한 정보를 얻을 수 있고, 습득한 정보를 활용하여 가치를 내는데 기여한다. 나아가 생산성 향상과 원가를 절감하고 품질이 높은 제품을 만들 수 있는 방법 등의 의견을 듣고, 경영에 반영하는 실제적인 현장경영은 노사 관계나 인력을 더 잘 활용할 수 있게 한다.

맥락을 파악하라

맥락적 경청은 이야기를 진지하고 바르게 듣는 자세를 갖추는 것으로 청각에만 의존하는 것이 아니라 시각 등 다른 감각기관들을 사용하기도 한다. 그리고 말하는 것 이상의 말 뒤에 숨은 내용까지 듣고자 하는 것이다. 말 자체가 아니라, 말하는 사람의 관점을 듣는 것으로 어떤 맥락에서 나온 말인지 말하는 사람의 의도와 감정, 배경까지 헤아리면서 듣는 것을 말한다.

어느 날 아내는 나에게 "당신은 당신이 원하는 것만 듣기 때문에 당신이 좋아하는 이야기만 했다"고 말했다. 그 이야기를 들으면서 자신을 되돌아보았다. 실제로 가족들하고 이야기할 때 내가 싫어하는 것은 대화를 나누고 싶어 하지도 않았다. 필자가 좋아하는 것에 대해서만 관심을 갖고 대화했던 것이다.

아내의 권면으로 몇 년 전 ㈜하이패밀리 아카데미에서 실시하는 최고위 과정에 입학해 상담학을 2년간 공부했다. 그 덕분인지 요즘은 아내가 하는 말이나 애들이 하는 말에 대해서 선입견과 판단을 내려놓고 호기심을 가지고, 같은 이야기라도 깊게 그 맥락까지 헤아려 들으려고 한다. 그러나 어릴 적부터 경청이 습관화되어 있지 않은 나는 말 뒤의 숨은 내용과 감정, 배경까지 헤아려가면서 듣지 못하는 경우가 있어 가끔 의사소통에 어려움이 있다.

사람이 말할 때에는 그 말에서 드러나는 내용과 함께 그 말을 하게 되는 심정이나 속마음도 있기 마련이다. 다시 말해 말뜻과 심정, 그리고 속마음이 함께 있다는 것이다. 예를 들어, 일곱 살짜리 사내아이를 키우고 있는 아내가 남편에게 요즘 애가 너무 말을 안 들어 힘들다고 불평할 때 남편의 대답이 "요즘 일곱 살짜리 사내애들 다 그렇지, 참아야지 불평한다고 해결되겠어? 여북하면 미운 일곱 살이라는 말이 있어"라는 반응은 아내에게 실망감을 준다. 또한 "힘들겠구나. 그렇지만 힘들어도 참아야지. 좀 더 크면 말 잘 듣겠지"라는 반응도 아내에게 위로를 줄 수 없다.

아내의 겉으로 드러난 현상은 아이 때문에 힘들다는 것이다. 하지만 아내의 숨겨진 본질의 욕구는 힘든 집안일을 하는 자신에 대해 남편이 공감하고, 인정하고, 위로해 줬으면 좋겠다는 것이다. 남편이 맥락적 경청을 했다면 남편의 대답은 아마도 "그래! 요즘 당신이 애 돌보고 집안 일하랴 정말 힘들겠구나. 미안해, 그래도 당신 노력 덕분에 우리 가족이 어려움 없이 건강하게 잘 지내고 있다고 생각해. 고마워"라고 아내를 진심으로 위로해 준다면 아내는 반드시 감동을 받을 것이다.

메모와 질문을 하라

회사에서 대부분의 사원들은 회의하거나 대화를 나눌 때 지시받은 사항 등 필요한 것을 다이어리 등에 메모하지만, 리더는 안타깝게도 메모하는 예가 전에는 드물었다. 그러나 최근에는 리더가 메모도 잘하고 그것을 활용한 리더십도 잘 발휘한다.

상대방의 이야기를 잘 이해하기 위해서는 도움이 될 만한 중요한 사항을 메모해야 한다. 메모한다는 것은 상대편 마음의 세세한 부분까지 들을 수 있도록 정신을 집중할 수 있는 과정이며 들은 것을 내면화할 수 있는 활동이다. 메모하게 되면 메모하지 않을 때보다 상대방에게 말을 잘 듣고 집중하고 있었다는 것을 보여 주는 것이다.

경청하는 능력이 계발되지 않은 사람은 대화에서 드러나는 현상만을 듣게 되어 결과적으로 말의 진의를 얻을 수 없다. 반면에 경청하는 사람은 말하는 상대가 생각하는 것을 마음에 그리면서 듣는다. 그리고 지레 짐작으로 넘어가지 않고 확실하게 파악하려는 노력이 보인다.

또한 잘 경청하기 위해 중요한 세부사항을 잘 듣는 것뿐만 아니라 빠진 것까지 감지하고 완전히 이해하는데 필요한 적절한 질문을 한다. 그냥 넘어갈 경우 매우 중요한 요소를 놓칠 수 있다. 들은 어떤 것을 이해한다고 하여도 실제 일을 수행하고자 할 때 모든 것을 다 숙지하고 있지 않음을 알게 된다. 상대방에게 사려 깊은 질문을 한다는 것은 그의 말을 잘 이해하고 있으며, 과제도 잘 수행해 낼 수 있다는 것을 확신시켜 주는 것이다. 그리고 상대방에게 자기 말에 관심이 있다는 것도 보여 주는 것으로 인간관계에 중요한 의미가 있다.

맞장구 쳐라

경청의 123법칙이 있다. 이 법칙은 하나를 이야기하면 둘을 듣고, 셋을 맞장구치라는 뜻이다. 맞장구라는 것은 내가 상대방의 말에 귀를 기울이고 있음을 의미한다. 상대방으로 하여금 신이 나서 이야기하게 만드는 데는 마음으로, 태도로, 눈으로, 표정으로 맞장구치는 것이 최상이다. TV 방송 강의를 보면 강사가 강의도 조리 있게 잘하지만 사회자나 청중들이 강의에 대해서 맞장구치는 것을 보았을 것이다.

수준 높은 경청으로 맞장구와 비슷한 추임새를 넣은 것으로 비음성언어, 부연설명, 함축된 의미의 반사적 표출, 의견 끌어내기 등이 있다. 예를 들면 의사소통으로 "예" 하고 동의하면서 고개를 끄덕인다. 부연설명으로 "예, 내가 이해한 바로는…" 등 그리고 함축된 의미의 반사적 표출로 "예, 당신이 말하려는 것은…" 등이 있고 의견 끌어내기로 "예, 그때 무슨 일이 있었나요?" 등으로 잘 듣고 있다는 것을 보여 주는 것이다.

　이외에도 상대방의 이야기에 흠뻑 빠져 있다는 모습을 보여 주는 맞장구는 즐거운 웃음을 비롯해 "그렇습니다, 물론이지요, 동감입니다, 너무하군요, 그 심정을 알고도 남음이 있습니다, 축하합니다, 무엇보다 다행입니다, 그것 참 잘 됐군요! 너무 기쁘시겠어요, 천만에 도저히 믿어지지 않아요" 등이 있다. 경청을 잘하기 위해서는 맞장구치는 것에 절대로 인색해서는 안 된다.

대화를 은혜롭게 끝내라

경청이란 시간을 들여서 가장 좋은 것을 얻을 수 있는 근본이다. 시간은 모든 사람이 같은 방법과 비율로 대가 없이 받은 유일한 물리적인 자원이다. 어떤 모임이나 일에서 가장 좋은 것을 얻기 위해서는 시간에 방해를 받지 않는 좋은 조건이 갖추어 주어야 집중할 수 있다. 즉 중요한 활동에 제대로 집중하기 위해서 다른 시간 약속을 줄여야 할 필요도 있다.

상대방이 너무 오래 말할 때나 시간관계상 대화를 끝맺어야 할 필요가 있을 때가 있다. 이럴 경우 "좋은 의견인 것 같아 더 듣고 싶습니다만 오늘 일정이 좀 바쁩니다. 다음에 다시 약속시간을 정해서 만나면 어떻겠습니까" 혹은 "지금까지의 말씀 매우 감사합니다. 약속이 있어서 지금 가야 합니다. 차후에 다시 만나서 들었으면 좋겠습니다" 하고 먼저 말하는 사람에게 감사를 표시한 후 끝내야 할 이유를 위의 예문과 같이 전달함으로서 대화를 끝낼 수 있다. 이는 자신의 시간을 관리할 수 있고, 상대와의 관계도 편안하게 맺을 수 있는 것이다.

경청의 품성 핵심 포인트

1. 경청은 상대의 말에 대한 가치를 인정해 주는 것이다.
2. 경청은 대화에서 아주 중요하며 시간과 노력을 들여서 배워야 할 기본 기술이다.
3. 잘 듣고자 하는 모습으로도 상대에게 관심을 가지고 있다는 것을 보여 줄 수 있다.
4. 경청은 상대방이 편안한 분위기에서 표현할 수 있도록 하는 것이다.
5. 듣는 것은 누구나 할 수 있지만, 경청은 누구나 하는 것이 아니다.
6. 경청은 다른 사람들로 하여금 믿음직한 사람이라는 인상을 증가시킨다.
7. 경청을 잘하기 위해서는 맞장구치는 것에 인색하지 말아야 한다.
8. 들어주는 사람에겐 이해받았다는 느낌이 생기므로 호감이 간다.
9. 부모가 맥락적 경청의 수준이 되면 자녀와의 의사소통이 매우 잘 된다.
10. 경청은 유익한 정보를 얻을 수 있으며, 습득한 정보를 활용할 수 있게 한다.

칭찬에 춤추는 고래

2. 칭찬, 인간관계를 풍성하게 해주는 품성

품성칭찬이란 사람의 말과 행동 그리고 결과에서 나타나는 좋은 품성을 구체적인 사례를 들어 말해주고 좋은 품성이 준 혜택이나 긍정적인 영향을 이야기하는 것이다. 칭찬의 이유가 분명하지 않으면 오히려 칭찬을 듣는 사람이 오해하여 불쾌해 할 수 있다. 오해를 불러일으키지 않는 품성칭찬 방법을 계발하여 일상생활에 적용하자.

칭찬의 바른 품성 자가진단

나는 칭찬의 바른 품성을 지닌 사람인가?

다음의 문항들은 칭찬의 바른 품성을 자가진단하는 데 절대적인 기준은 아니지만, 적합한 내용이라고 생각한다.

각각의 문항에 대해서 매우 잘 알고, 매우 잘 실행하고 습관화되어 있다면 'O'에, 보통 이하라고 판단되면 '△'에 체크한다. '△'에 체크된 항목 즉 자신이 부족한 부분을 집중적으로 계발하고, 다시 진단하여 변화된 상태를 점검하고, 모든 문항에 대해서 'O'에 체크될 때까지 훈련하는 기회로 삼자.

칭찬 진단 시트

NO	진단 내용	진단	
		O	△
1	나는 칭찬과 아첨을 구분할 줄 안다.		
2	나는 칭찬할 때 그 이유를 구체적으로 표현한다.		
3	나는 가족 등 가까운 사람들에게 칭찬을 잘하는 편이다.		
4	나는 다른 사람의 좋은 점을 찾아서 칭찬하고 부족한 것을 격려하며 용기를 준다.		
5	나는 외형적인 칭찬보다 품성칭찬을 잘한다.		
6	나는 다른 사람의 나쁜 품성보다 바른 품성에 더 관심을 가진다.		
7	나는 사소한 것이라도 바른 품성을 보인 사람들을 찾아서 칭찬하고 격려한다.		
8	내가 칭찬 받을 때 나를 도운 분들에게 칭찬을 되돌린다.		
9	나는 칭찬에 대해서 침묵 또는 부정적, 상투적으로 대답하지 않는다.		
10	나는 칭찬을 받았을 때 감사한 마음으로 칭찬해 준 사람을 격려한다.		

칭찬의 바른 품성계발과 실행가이드

존재감을 확인시켜라

뿔을 가진 자는 이가 없듯이 한 사람이 모든 재주를 겸하지 못한다는 각자무치(角者無齒)라는 사자성어가 있다. 인간은 혼자서 모든 것을 다하면서 홀로 살아갈 수 없다. 그래서 사람은 일의 성과에 대한 인정뿐만 아니라 사소한 관심으로도 자신의 존재감을 확인하고자한다. 가정에서는 아버지로서, 어머니로서, 자식으로서, 사회에서는 공동체의 한 축을 감당하고 있다고 인정받을 때 불안감이 해소된다. 또한 내가 하는 일이 소중하고 내 존재 자체가 소중하다는 것을 느낄 때 행복하다.

자연현상도 마찬가지다. 내가 살고 있는 주변의 산에 참나무 등 여러 가지 나무가 많았다. 몇 년 전 잘 생긴 소나무들만 남겨두고 참나무와 다른 나무들을 모두 벌목했다. 겨울철에 바람이 불고 눈이 쌓이자 홀로 듬성듬성 서 있던 이 소나무들이 쓰러지거나 가지가 부러진 것을 보고 참 안타까운 생각이 들었다. 이렇게 부러지고 쓰러진 소나무들도 참나무, 아카시 나무 등과 함께 숲을 이룰 때는 세찬 바람과 많은 눈보라를 그 나무들과 함께 잘 이겨내면서 푸른 소나무의 존재감을 나타내고 있었다.

칭찬은 듣는 사람에게 자신이 꼭 필요한 존재라고 인식시켜 주는 효과가 있다. 특히 품성을 칭찬하는 것은 진심이 뒷받침된 것이다.

일에 대한 동기를 부여하며 자신의 존재를 확인시키고 긍정적으로 만드는 것으로 비위를 맞추거나 아첨하는 칭찬과는 엄청난 차이가 있다.

품성을 칭찬할 수 있는 가장 좋은 방법은 자신과 함께 생활하거나 일하는 사람에게서 나타난 바른 품성을 존경하는 마음과 감사하는 마음으로 다른 사람들에게 알리는 것이다. 사무실에서 동료의 책상 주변이 깨끗이 잘 정리정돈된 것을 보았다면 그냥 지나치지 않고 정리정돈의 품성을 칭찬하는 것이다. 그리고 모범으로 삼을 일이 있다면 회의 때 동료들 앞에서 어떤 품성이 다른 사람들의 모범이 되었는지 말을 하는 것이다. 예를 들어, "어려운 개선을 이 반장님의 분별력으로 참 원인을 찾아 쉽게 할 수 있었습니다"라고 그의 분별력을 여러 사람들 앞에서 칭찬하는 것이다.

성취한 업적만을 칭찬함으로써 품성계발을 방해하고 품성보다 성취가 더 중요하다는 생각을 심어 주어서는 안 된다. 품성은 더 많은 성취를 낳게 하는 원천이고 동력이다.

성취를 이루게 한 품성에 주목하라

흔히 겉으로 드러나는 모습을 보고 하는 칭찬은 오해의 여지가 있다. 사람들은 대개 외모, 가진 물건, 행동의 결과 등을 칭찬한다. 그런데 세속적인 칭찬은 아첨인 경우가 많아 칭찬을 진지하게 받아들이기가 어렵다. 그리고 품성 대신 행동의 결과인 성취를 칭찬하게 되면 칭찬받은 본인은 부담을 느끼고, 의도하지 않았지만 다른 사람을 무시하는 경우가 생길 수 있다. 또한 다른 사람에게 시기심이나 질투심을 일어나게 할 수도 있다. 이와 같은 칭찬은 칭찬받은 사람을 교만하게 할 수 있고, 잘못된 가치관을 심어 줄 수도 있다. 진짜 잘하는 줄 알고 더 이상의 노력을 안 한다든가, 다른 사람에게 교만해지는 등 칭찬의 역효과가 있다.

어느 날 내가 지도하는 회사의 과장이 하소연했다. 그는 새로 온 신입사원이 일을 열심히 하는 모습이 대견하여 더 잘하도록 격려하는 마음으로 부족한 부분을 자신이 채워 좋은 성과가 나오도록 했다고 한다. 그리고 그에게 "자네가 오니까 우리 과가 성과도 더 있고 잘 되고 있어"라고 칭찬해 주었다는 것이다.

그는 과장이 뒤에서 도와줌으로써 좋은 성과가 나왔다는 생각을 하지 못했다. 좋은 성과가 모두 자신의 능력으로 이루어진 줄 알고 대단히 만족하며 오히려 업무를 게을리 한다는 것이다. 과장은 "직장 생활을 잘하라고 뒤에서 도와주고 격려차 칭찬을 해주었는데, 그것이 잘못된 직장생활을 하게 한 것 같다"고 후회하면서 칭찬도 잘 판단하고 해야 할 것 같다고 말했다.

아주 사소한 칭찬이라도 기뻐하면서 칭찬을 들으려 애쓰는 사람이 있는가 하면 공개적인 칭찬을 하면 아주 어색해 하며 감동하지 않는 사람도 있다. 그러나 바른 품성을 칭찬하면 어색해 하지도 않고 상대를 감동시켜 더욱 잘하도록 동기를 부여한다. 그런데 다른 사람에게 자연스럽게 품성을 칭찬하는 것은 쉽지 않다. 어떤 품성으로 성과가 이루어졌는지 설명하면서 칭찬하는 기술이 습관화되어야 한다.

현장에서 겪은 예를 들어본다. 한 사원이 과제를 잘해서 성과를 많이 낸 것을 보고 내가 "지난번보다 성과가 많이 향상되었는데, 다음에는 더 많은 성과를 기대합니다"라고 칭찬했다. 그 사원은 좋은 성과는 인정받았지만 오히려 더 성과를 올려야 한다는 부담감 때문에 기뻐할 수 없었다.

그러나 "지난번보다 성과가 많이 향상된 것을 보니 평소에 개선하면서 일한 것 같습니다. 늘 열심히 하는 것을 보니 내가 보람을 느낍니다"라고 성취를 가능하게 한 경계심과 열심의 품성을 칭찬했다. 그 직원은 '평소 열심히 하는 것을 인정해 준 것에 만족한다'는 표정으로 "감사합니다"라고 응답했다.

일반적으로 성취를 가능하도록 한 품성을 관찰하고 찾아서 칭찬하기란 어렵다. 보이는 성취를 칭찬하기가 더 쉽기 때문에 성취한 결과물에 대해서 칭찬을 많이 한다. 그러나 성취를 가능하도록 한 품성을 관찰하고 찾아서 칭찬하는 것이 성취를 이룬 상대를 감동시켜 그를 더욱 발전할 수 있도록 한다.

바른 품성을 보이는 사람을 향한 진실한 칭찬의 말은 상대방의 용기를 북돋아 주고, 품성을 세워 줌으로써 그가 자신의 인생을 진정한 성공으로 이끌 수 있다. 자신의 가치가 품성에 있음을 이해하면 그는 자연히 품성을 더 계발하게 된다. 또한 상대방의 바른 품성을 찾아서 칭찬하는 행위는 상대방에게 신뢰를 받을 수도 있다. 바른 품성을 지닌 사람으로 신뢰받음으로써 인간관계도 잘할 수 있는 등 여러 가지 효과를 기대할 수 있다. 성취를 이루게 한 품성을 찾아서 칭찬하도록 노력하자.

기대치를 절제하라

회사에서 경영자와 사원 간에 즐겁고 생기 넘치는 직장 분위기를 조성하여 생산성을 높이고 성공적인 성과를 기대하려면 기대치를 어느 정도 절제하고 사소한 것이라도 바른 품성을 보인 사람들을 찾아서 서로 칭찬하고 격려하는 노력이 반드시 필요하다.

경영자의 기대치가 사원들의 수준에 비해서 너무 큰 회사를 컨설팅한 적이 있다. 그 회사의 사원들은 경영자의 기대치를 채울 수 없었다. 때문에 칭찬을 받기란 매우 어려웠다. 오히려 꾸지람과 지적을 늘 받아서 경직된 분위기였다. 사원들은 우리 회사라는 주인의식은 물론 일에 대한 동기부여도 없었고, 자신들의 업무도 마지못해 하는 것 같았다. 그리고 경직된 분위기로 인해서 서로 간에 의사소통도 잘 안 되고 정보 교환도 없었다. 자주적으로 일하지 않기 때문에 조금이라도 관리하지 않으면 생산성이 오히려 떨어지고 관리 비용만 증가하고 있었다.

상대방을 칭찬하기 위해서는 그 사람에 대한 기대치를 절제해야 칭찬거리가 많아진다. 기대치가 절제되지 않으면 칭찬거리가 없어지고 꾸지람만 늘어날 가능성이 커서 경직된 분위기가 된다.

부모는 누구나 자식이 공부를 잘하기를 기대한다. 기대가 지나친 부모는 자녀가 반에서 일등했음에도 불구하고 자녀에 대해서 전교 일등이 못된 성적에만 초점을 맞춰 칭찬과 격려보다는 "전교에서 일등을 했어야 하는데"라고 말하면서 "다음에는 전교 일등을 꼭 해라" 하고 자녀에게 부담 주는 말을 할 가능성이 높다.

미국을 대표하고 120년 이상이나 되는 다국적 일류기업인 제너럴 일렉트로닉스GE : General Electronics의 잭웰치John Frances Welch Jr, Jack Welch 전 회장이 학교 다닐 때는 말을 더듬고 성적이 좋지 않았다. 그럼에도 불구하고 그의 어머니는 아들에게 "네가 말을 더듬는 것은 머리가 좋고, 머리 회전이 너무 빨라 말이 따라가지 못하기 때문이다. 그리고 A학점이 하나 있지 않느냐" 하면서 약점과 부족한 것을 칭찬과 격려로 용기를 주었다고 한다.

회사에서 관리자가 바른 품성을 찾아내고 격려하는 것은 쉽지 않다. 대부분 미흡한 품성은 눈에 보이는 현상이고, 바른 품성은 눈에 보이지 않는 본질이기 때문이다. 품성을 칭찬하려면 언제나 바른 품성에 초점을 맞추고, 미흡한 품성이 보였을 때 바른 품성으로 관심을 돌리도록 하는 사고가 필요하다.

모든 사람은 특유의 강점이 있다는 노마지지(老馬之智)라는 사자성어의 의미처럼 누구나 잘하는 것이 있다. 칭찬과 지적에 대해서 칭찬 다섯 번에 지적 한 번 정도를 하라는 5대 1 법칙을 지키고자 노력한다면 신바람 나는 밝은 직장 구현이 가능할 것이다. SBS 방송국에서 실시하는 K-POP 스타 오디션 프로그램에서 3명의 심사위원들이 심사평가하는 것을 보면 대개 칭찬과 격려를 여러 번하고 지적을 한 번 정도 한다.

그래서인지 참가들의 노래 수준이 오디션 횟수가 거듭될수록 점점 더 향상되는 것을 느낄 수 있었다. 나도 지도할 때 하나를 지적하면 다섯을 친절하게 설명하고, 그렇게 할 수 없으면 지적도 하지 않는 편을 택하고자 노력한다.

품성 칭찬을 연습하라

지도할 때 내가 하고 있는 짧고 간단한 품성 칭찬의 예문들을 몇개 적어 보았다. 이 예문들을 참고로 독자가 응용해서 품성 칭찬을 기꺼이 연습하다면 습관화될 것이다.

"이 반장님 수고했어요. 정말 잘했어요. 이 반장님은 항상 열심히 하니깐 무엇이든지 잘되는 것 같아요."

"김 대리가 한 일이니 틀림없겠지. 김 대리가 하면 믿을 만해서 걱정이 안 돼."

"이 조장이 한 제안서를 보았는데 역시 좋은 제안이야. 분별력이 있고 생각이 매우 깊어."

"그래 잘했어. 역시 이 대리는 항상 열심이고 성실하니깐 모든 걸 다 잘하는 것 같아."

"김 반장님이 평소 작업할 때 안전에 대한 깊은 경계심을 가지고 있어서 사고를 방지할 수 있었습니다."

"박 직장님의 일에 대한 열정이 다른 사람들에게 기쁨과 격려가 되었습니다."

"어려운 가운데도 최선의 노력을 하는 모습을 보니 제가 기쁩니다."

"무더운 날씨임에도 불구하고 인내하며 경청해 주셔서 감사합니다."

"신 반장님의 높은 분별력이 어려운 개선을 쉽게 할 수 있었습니다."

"최 조장이 과제를 신중하게 잘 처리해서 어려운 문제를 쉽게 해결할 수 있게 되었어."

"서 과장의 진실함으로 문제 해결에 더 좋은 방법을 생각할 수 있었다."

"국장님이 늦게까지 근무하며 과제를 해결해 주는 성실함에 감사합니다."

"김 형이 항상 공구를 잘 정돈하여서 불필요한 동작, 이동 등의 쓸데없는 움직임을 줄일 수가 있어서 좋아."

"정 대리가 말하는 것을 들어보면 깊이가 있어. 생각을 많이 하는 것 같아."

"어려운 상황인데도 불구하고 맡은 과제를 끝내는 충성심을 고맙게 생각합니다."

성취한 업적만을 칭찬함으로써 품성보다 성취가 더 중요하다는 잘못된 생각을 심어 주어서는 안 된다. 어떤 사람의 바른 품성을 본인 또는 다른 사람에게 칭찬하는 일은 아주 의미가 있고 매우 가치가 있는 일이다. 품성을 칭찬하면 더 많은 성취를 얻을 수 있다.

칭찬에 응답하라

칭찬하는 것도 중요하지만 칭찬을 받아들이는 것 또한 중요하다. 칭찬을 무시하거나 적당히 응답하는 것은 상대방의 인격을 무시하는 결과가 될 수 있다. 칭찬에 대해서 침묵으로 대답하거나 부정적으로 대답하거나 상투적으로 대답하지 않아야 한다. 긍정적으로 대답하되 칭찬하는 상대방 또는 함께 일한 사람들에게 칭찬을 되돌리는 대답을 해야 한다.

몇 해 전에 파리에서 한 K-POP 공연을 딸들과 함께 취재한 KBS 기자가 페이스 북에 "자녀들이 좋은 가정에서 가정교육을 잘 받았습니다"라는 글을 올렸다. 그 글을 보고 딸들에게 "내가 특별히 한 것도 없는데 너희들이 성실해서 다른 사람에게 가정교육을 잘 받았다는 칭찬을 들으니 정말 고맙다"라고 칭찬했다.

그랬더니 작은딸이 "외국에서 살다보니 누군가 이야기해 주는 사람이 없어서 평소 엄마 아빠가 하신 말씀을 생각하고 그대로 실천한 것뿐이에요. 오히려 저희가 고맙지요. 엄마 아빠, 잘 키워 주셔서 감사합니다"라고 말했다. 이 말을 들으면서 나는 자녀들에게 정말 존중받고 인정받았다는 생각이 들어 매우 기뻤다.

작은 성과는 본인의 노력만으로도 될 수 있지만, 일반적으로 칭찬과 감사를 받을 만할 성과는 다른 사람의 도움으로 이루어진 것이 대부분이다. 따라서 자신이 행한 일에 대해 다른 사람이 칭찬하면 내가 성취할 수 있도록 도운 분들에게 감사하는 마음으로 칭찬을 즉시 되돌리는 적절한 반응이 중요하다.

예를 들어 어떤 일에 대해서 칭찬을 받으면 "저를 격려해 주시는 것에 깊이 감사드립니다" 하고 칭찬하는 사람에게 감사의 말을 할 수 있다. 또는 칭찬하는 사람에게 밝고 명랑한 태도로 간단히 "고 맙습니다" 하고 감사를 표함으로서 칭찬하는 사람을 기분 좋게 할 수 있다. 그리고 상사의 칭찬에 대해서는 "사장님이 저를 인정하시 고 맡겨 주셔서 오히려 제가 기쁘게 일할 수 있었습니다"라고 상사 의 칭찬을 존중하는 마음으로 응답한다. 상사의 바른 품성을 칭찬 하는 것도 좋다. 상사도 한 인간임을 잊어서는 안 된다. 칭찬을 받고 싫어하는 사람은 없다.

다음은 칭찬을 받은 후 다른 사람의 도움을 인정하는 간단한 응 답 예문을 적었다.

"잘 교육시켜 주신 부모님께 감사합니다."

"그것은 우리 모두가 노력한 결과입니다."

"칭찬이 저에게 격려가 되었습니다."

"부끄럽습니다만 그렇게 칭찬해 주시니 힘이 됩니다."

"특별히 주목해 주셔서 일을 잘할 수 있었습니다."

"우리 직원들이 아이디어를 내고 열심히 해서 좋은 결과를 가져 오게 되었습니다."

이처럼 바람직한 품성이나 성취로 인해서 칭찬을 받았을 때 감사 한 마음을 표현할 수 있는 것이 칭찬한 사람을 격려하는 방법이다.

칭찬의 품성 핵심 포인트

1. 상대방에 대한 기대치를 낮추어야 칭찬거리가 많아진다.
2. 사람들은 외모, 물건 등 눈에 보이는 세속적 칭찬을 잘한다.
3. 칭찬은 상대방에게 필요한 존재라고 인식시켜 주는 효과가 있다.
4. 관리자는 기대치가 높아서 직원을 칭찬하기가 어렵다.
5. 품성 칭찬이란 바람직한 결과를 이루게 한 품성을 칭찬하는 것이다.
6. 상대방에 대한 품성 칭찬으로 자신의 신뢰를 보여 줄 수 있다.
7. 바른 품성을 보이는 사람에게 한 칭찬의 말은 그에게 용기를 북돋아 준다.
8. 칭찬받을 일은 대부분 타인의 도움으로 이루어진 것이 많다.
9. 칭찬의 이유가 분명해야 듣는 사람의 기분이 좋다.
10. 세속적인 칭찬보다 품성칭찬의 효과가 크다.

생각, 말의 품성

운명과 행운

큰 배가 방향을 지시하는 작은 키에 따라 움직이듯이 인생도 생각
과 말에 따라 방향이 달라진다. 생각과 말의 바른 품성을 지닌 사
람은 긍정적이고 지혜로운 생각과 말을 함으로써 자신과 다른 사
람에게 항상 좋은 영향을 준다.

생각하는 원숭이

1. 운명을 결정하는 생각

사람은 그가 품은 생각에 따라 행동하고 인격이 형성되고 삶의 방향까지 설정된다. 성공을 결정하는 바른 품성도 생각으로부터 나온다. 그래서 생각은 사람의 운명을 결정할 정도로 매우 중요하고 영향력이 있다. 미래의 인생을 결정할 수 있는 생각의 바른 품성을 계발하자.

생각의 바른 품성 자가진단

나는 생각의 바른 품성을 지닌 사람인가?

다음의 문항들은 생각의 바른 품성을 자가진단하는 데 절대적인 기준은 아니지만 적합한 내용이라고 생각한다.

각각의 문항에 대해서 매우 잘 알고, 매우 잘 실행하고 습관화되어 있다면 'ㅇ'에, 보통 이하라고 판단되면 '△'에 체크한다. '△'에 체크된 항목 즉 자신이 부족한 부분을 집중적으로 계발하고, 다시 진단하여 변화된 상태를 점검하고, 모든 문항에 대해서 'ㅇ'에 체크될 때까지 훈련하는 기회로 삼자.

생각 진단시트

NO	진 단 내 용	진단	
		ㅇ	△
1	나는 생각을 긍정적으로 하고 세상을 긍정적으로 보는 편이다.		
2	나는 일이 잘 되지 않았을 때도 환경과 상대방을 탓한 적이 없다.		
3	나는 그릇되고 비뚤어진 생각을 타파하고 바른 도리로 산다.		
4	나는 항상 합리적이고 논리적인 생각으로 사물이나 사건들을 분석한다.		
5	나는 다른 사람의 변화를 기대하기보다는 나부터 변화하고자 한다.		
6	나는 나쁜 과거는 교훈만 얻고 잊어버린다.		
7	나는 양질의 책을 읽으며 긍정적인 에너지가 넘치는 사람들과 가깝게 지낸다.		
8	나는 어떤 일에 대해 안 되는 이유보다 되는 방법을 생각한다.		
9	나는 일할 때 창의적인 아이디어로 성과를 달성한다.		
10	나는 변화에 대해 항상 긍정적으로 생각하는 힘이 있다.		

변화를 긍정적으로 생각하라

오늘날 언덕과 골짜기가 서로 뒤바뀐다는 능곡지변(陵谷之變)과 같이 빠르게 변화하는 시대에서 살아남기 위해서는 변화를 받아들이는 생각의 힘을 키워야 한다. 그런데도 불구하고 사람들은 변화를 어려워하고 즐기기보다는 귀찮아하며 두려워하는 경향이 있다. 아무리 '일을 잘 한다'고 해도 현실에 대한 문제의식이 없거나 변화에 대한 '생각'이 없는 사람은 미래에 전혀 도움이 되지 못한다.

변화할 수 있다고 긍정적으로 생각하는 사람은 그 생각 때문에 무엇인가 변화할 수 있다. 하지만 변화할 수 없다고 부정적으로 생각하는 사람은 그 생각 때문에 아무것도 변화할 수 없다. 변화는 미래를 위한 투자로 현재의 상태가 어떻게든 변화되어야 한다는 문제의식을 요구한다. 자신이 스스로 변화하겠다고 생각하고 변화하면 살아남을 수 있다. 하지만 타인에 의해서 강제로 변화되면 살아남기 어려운 것이 현실이다. 어떤 생각을 하느냐는 자신을 일으키기도 하지만, 망하게도 한다.

기업 컨설팅을 하다 보면 종종 변화에 대한 저항에 부딪치곤 한다. 새로운 것을 시도할 수 없다는 이유를 여러 가지 상황을 예로 들면서 주장한다. 실제로 당장 현재의 상태만을 고려한다면 그 주장이 합리적일 수도 있다. 조직에서 변화를 긍정적으로 받아들이기 위해서는 안 되는 이유를 생각하지 말고, 되는 방법을 생각해야 한다. 처음부터 완벽을 기대하지 말고, 다만 50점이라도 실행하는 것이다. 그리고 비록 성과가 작더라도 돈을 들이지 않고 할 수 있는 것을 찾아서 실행해가며 한 사람의 지식보다는 여러 사람의 지혜를 활용하는 것이다. 우리 주변에는 돈이 들지 않고도 변화시킬 수 있는 문제가 많이 있다.

새로운 변화에 순응하지 못하면 미래가 없다는 생각을 하고 새로운 것을 긍정적으로 받아들이면 현재의 성공이 미래에 실패의 어머니가 되지 않는다.

긍정적으로 생각하는 힘을 길러라

신문과 뉴스, 드라마를 보아도 방송을 들어도 가정과 직장, 사회에서도 긍정적인 것보다 부정적인 것이 많다. 사람들은 어렸을 때부터 "힘들다, 죽겠다, 어렵다, 못한다, 안 된다, 할 수 없다"는 부정적 말을 듣고 부정적 환경에서 살면 무의식적으로 부정적인 생각을 하는 것이 습관화된다. 그래서 그들의 의식은 별다른 노력 없이 가만히 있을 경우 부정적으로 흐르는 경향이 있다.

학자들의 연구에 의하면 '대부분의 사람들은 하루에 5~6만 가지 생각을 한다'고 한다. 그중 80퍼센트 이상은 '부정적 생각'이며, 또한 부정적 생각 중 80퍼센트 이상은 '쓸모없는 걱정'이라고 한다. 그런데 자신의 무능과 절망적 환경만 생각하는 부정적인 사람은 인생항로를 제대로 항해할 수 없다. 인생의 어려움을 견디고 이겨낼 때 가장 중요한 자세는 긍정적으로 생각하는 힘을 가지는 것이다.

나는 텃밭의 맨 땅에 상추, 열무, 오이, 고추, 토마토, 옥수수 등 여러 가지 작물의 씨앗도 뿌리고, 모종을 하였을 때 제대로 수확하지 못했다. 열매가 좋으려면 줄기가 좋아야 하고, 줄기를 좋게 하려면 뿌리를 받치고 있는 땅을 비옥하게 거름 등을 주어야 한다는 것을 알게 되었다. 메마른 땅을 비옥하게 하여 열매가 잘 열리게 하는 것은 부정적인 환경을 긍정적인 환경으로 바꾸는 것과 같다.

부정적인 환경을 긍정적인 환경으로 바꾸어 매사를 긍정적으로 해석할 수 있기 위해서는 우선 양질의 책을 많이 읽어 힘을 기르고 평소에 긍정적인 에너지가 넘치는 사람들과 가깝게 지내려는 노력이 필요하다. 늘 긍정적인 방향으로 안내해 주고 힘을 줄 수 있는 멘토가 있다면 인생을 훨씬 더 긍정적인 생각을 가지고 살 수 있을 것이다.

모든 컨설턴트들이 긍정적인 에너지가 넘치는 것은 아니다. 하지만 경험이 많은 컨설턴트들은 긍정적인 에너지가 아주 강하기 때문에 부정적인 에너지도 긍정적인 에너지로 전환시킬 수 있는 힘을 가지고 있다. 기업은 컨설턴트의 도움을 얻어 기업의 환경을 더 긍정적으로 변화시키고자 컨설팅을 받기도 한다.

두려움도 긍정적으로 해석하라

생각은 행동에 영향을 미치므로 어떤 일을 긍정적으로 생각하면 긍정적으로 행동을 할 가능성이 높아져서 성과가 좋아진다. 하지만 생각을 부정적으로 하거나 올바르게 하지 않으면 좋은 성과를 가져올 수 없다.

나는 소통의 부재로 나 홀로 뒤처져 있는 것 같은 생각, 불안감 등의 스트레스로 두려움에 이끌려 살았던 경험이 있다. 남한테 상처를 받든가, 또는 하는 일이 잘 안되어서 불안하고 화가 날 때도 종종 있었다. 그로 인해서 우울하기도 하며 고민도 했다. 그럴수록 해결되는 것도 없이 오히려 구렁텅어리에 빠지는 것 같은 악순환만 거듭되었다. 그런데 생각을 바꿔서 "더 좋은 길이 열리려고 지금 어려움이 있는가 보다"하고 긍정적으로 생각하니까 오히려 마음에 평안도 오고 희망과 기회도 생겼다.

성경은 "사랑 안에 두려움이 없고 온전한 사랑이 두려움을 내쫓나니 두려움에는 형벌이 있다"고 가르치고 있다. 사랑 안에서 살도록 생각하자. 그래야 마음속에 일어나는 불안과 공포, 그리고 슬픔과 좌절에 대한 두려움을 이기고 소망과 삶의 활력을 빼앗기지 않는다. 자신을 위하는 가장 좋은 길은 나쁜 과거에서 교훈만 얻고 잊어버리며 미래를 설계하는 것이다.

막연한 낙관은 구체적 비관보다 위험하다

최근에 자주 문제가 되는 불산, 염산 등의 화학 독극물의 유출사고는 공장의 관계자들이 '설마 잘못되겠는가? 이 정도면 문제가 없어'

라는 안일한 생각으로 관리수칙을 지키지 않고 미연에 방지하는 대책을 소홀히 한 결과라고 생각한다. 자신의 일을 무조건 긍정적으로만 해석하여 사고를 유발하는 사람들이 있다. 그들은 잘못될 수 있다는 생각을 하고 최소한의 조치를 취할 필요가 있는데도 불구하고 그냥 방치하기 때문이다.

공장을 컨설팅할 때 재해나 불량, 고장 등의 문제가 생산현장에서 언제든지 발생할 수 있다고 보았다. 그 대책으로 현물을 가지고 현상을 파악한 후 현장에 가장 적합한 미연방지체계를 실행하도록 지도했다. 그 결과 돌발적인 것은 물론 만성적으로 발생하는 재해, 불량, 고장 등을 어느 정도 배제하는 효과가 있었다.

평안 속에서 위험 요소들을 찾아내어 그에 대한 대처를 한다는 유비무환(有備無患)처럼 필요에 따라서 합리적이고 논리적인 생각으로 사물이나 사건들을 분석하고 해석할 필요가 있다. 예를 들어 생산현장에서 '이런 상태로 간다면 화재가 발생할 수 있다', '기계가 고장이 날 경우에 대한 대비는?', '불량이 나면 취할 조치는' 등을 항상 염려하고 대책을 세워야 한다. 쉽게 사전에 방지할 수 있는 일을 더 나쁘게 만들 수 있다.

부정적인 생각은 경우에 따라서 신중함과 경계심을 지니는 것으로 때로는 사건 사고를 예방 차원에서 다루고 문제가 발생하기 전에 대책을 세우기 때문에 문제 발생을 미연에 방지하는 데 도움이 된다.

매사를 부정적으로 생각해서 안 되지만, 긍정적인 생각만 해서는 위험한 환경에서 위기를 맞을 수도 있다. 주식이나 도박하는 사람들은 항상 돈을 벌 수 있다는 긍정적인 생각을 한다. '과연 돈을 버는 사람이 얼마나 있을까?' 지나치게 긍정적인 생각은 일종의 환상이라고 볼 수 있다.

경우에 따라서 부정적인 생각이 필요하지만, 비관하는 것보다 낙관하는 것이 훨씬 더 좋다. 그러나 막연한 낙관은 오히려 구체적인 비관보다 위험하다는 것을 마음에 새겨야 한다.

탓하지 말라

과거의 생각이 오늘을 만들었고 오늘의 생각이 미래를 창조한다. 현재 자신의 모습이나 성취는 과거 자신이 생각한 산물이며 자기 스스로가 만들어 놓은 결과다. 사람들은 일이 잘 되지 않았을 때 환경을 탓하고 상대방을 탓하기도 한다. 이처럼 자신을 준엄하게 꾸짖는 일에 매우 관대한 것은 이 세상의 모든 일은 자기의 생각에서부터 출발한다는 것을 망각했기 때문이다.

잘되는 것도 자신의 생각에 달렸고, 잘못되는 것도 자기의 생각에 달렸다는 출이반이(出爾反爾)라는 사자성어가 있다. 이처럼 긍정적이고 창조적이며 생산적인 생각을 하면 생각한 그대로 긍정적이며 창조적인 아이디어로 생산적인 일을 잘 수행할 수 있다. 말하자면 자신이 겪었던 그릇된 환경을 초월해서 긍정적이고 적극적이며 창조적이고 생산적인 생각을 하는 사람은 그 생각의 열매를 반드시 따게 되어 자신의 일을 성공적으로 마무리할 수 있다.

　나는 장교로 군대생활을 할 수 있는 기회를 가질 수가 있었음에
도 불구하고 사병으로 군 생활을 마쳤다. 그 당시는 지금과 달리 사
병과 장교가 의식주 및 외출 외박, 직위 등 여러 가지 면에서 차별
과 차이가 많아서 사회생활은 사병과 같은 위치에서 시작하지 않겠
다고 생각했다. 그래서 대학을 졸업하고 바로 대학원에 진학했다. 그
당시는 대학원에 들어가는 학생이 지금처럼 많지 않았다. 열심히 공
부하여 대학원 졸업과 동시에 바로 대학 전임교수로 사회생활을 시
작하게 되었다. 아쉬움이 있다면 필자가 하고자 하는 분야에서 최
고가 되겠다고 생각했다면 더 좋은 결과를 기대할 수 있었을 것이다.

바른 도리를 나타내라

긍정적인 생각은 긍정적인 훈련과 자기 노력에 의해서 만들어질 수
있다. 크고 거룩하고 깨끗한 생각과 희망적인 생각을 받아들여야 삶
이 맑아지듯이 그릇되고 비뚤어진 생각을 타파하고 바른 도리를 나
타내라는 파사현정(破邪顯正)의 의미대로 살아가도록 노력한다면 오
히려 삶이 즐겁고 생기가 있으며 행복할 수 있을 것이다.

　필자가 제시하는 컨설팅 목적 및 목표에 대해 소극적이고 "왜 하
는지 모르겠다"는 부정적인 생각을 가진 사원들은 바쁘다는 변명과
핑계를 대면서 마지못해 억지로 활동했다. 때문에 창의적인 아이디
어가 나올 수 없고, 오히려 불평과 불만을 하는 행동이 다른 사람

들에게까지 부정적인 영향을 주어 회사가 변화되고 발전하는 데 방해가 되었다.

이밖에도 아무 생각도 없이 따라오는 사원들은 그럭저럭 주어진 과제는 대강 완성하지만, 그 이상의 결과를 기대할 수 없었다. 그러나 적극적이고 반드시 필요하다는 긍정적인 생각을 가진 사원들은 어려운 난관에 부딪쳤을 때마다 '어떻게 하면 가능하게 할까?'에 대해 깊이 생각한다. 그들은 자주적으로 열심히 하기 때문에 창의적인 아이디어를 가지고 바람직한 성과를 달성하고 회사의 발전에도 기여하며 과제를 수행하는 과정에서 자신도 많은 정보와 지식을 얻을 수 있는 좋은 기회를 갖게 되어 향후 회사에 중요한 인재로 성장한다.

1. 생각을 바꾸면 운명까지 바꿀 수 있다.

2. 사람은 그가 품은 생각에 따라 인격이 형성되고 삶의 방향이 결정된다.

3. 바른 품성도 생각으로부터 나온다.

4. 세상의 모든 일은 자기의 생각에서부터 출발한다.

5. 긍정적 창조적 생각을 하면 긍정적 창조적 아이디어로 일을 수행할 수 있다.

6. 힘들고 나쁜 상황일 때도 긍정적 생각을 하면 긍정적인 삶을 살 수 있다.

7. 생각이 긍정적인 사람은 삶이 활기차고 즐겁고 생기가 있다.

8. 생각은 실패를 성공으로, 절망을 희망으로 바꾸는 일종의 열쇠다.

9. 혼자서 장시간 있을 경우, 생각은 저절로 부정적으로 흐르는 경향이 있다.

10. 막연한 낙관은 구체적 비관보다 위험하다.

말을 하는 앵무새

2. 행운과 불행을 불러들이는 말

한 사람의 운명은 그 사람의 입에서 어떤 말이 나오느냐에 따라 결정되고, 모든 행운과 불행은 사람의 말로 불러들인다고 한다. 가정, 사회, 직장에서 인간관계 가운데 말의 중요성은 아무리 강조해도 지나치지 않다. 말의 품성을 계발하여 복된 삶을 살자.

말의 바른 품성 자가진단

나는 말의 바른 품성을 지닌 사람인가?

다음의 문항들은 말의 바른 품성을 자가진단하는 데 절대적인 기준은 아니지만, 적합한 내용이라고 생각한다.

각각의 문항에 대해서 매우 잘 알고, 매우 잘 실행하고 습관화되

어 있다면 'ㅇ'에, 보통 이하라고 판단되면 '△'에 체크한다. '△'에 체크된 항목 즉 자신이 부족한 부분을 집중적으로 계발하고, 다시 진단하여 변화된 상태를 점검하고, 모든 문항에 대해서 'ㅇ'에 체크될 때까지 훈련하는 기회로 삼자.

말 진단시트

NO	진 단 내 용	진단	
		○	△
1	나는 말하기 전에 깊게 생각하고 모든 상황을 제대로 살핀 상태에서 말한다.		
2	나는 말의 능력을 잘 알고 관리한다.		
3	나는 어려움에 처한 사람들에게 긍정적 자성예언을 잘한다.		
4	나는 말을 절제하고 적게 하는 편이다.		
5	나는 배려와 친절의 언어가 습관화되어서 일상생활에서 자연스럽게 나온다.		
6	나는 타인에게 덕을 세우고 선을 이루는 말과 행동으로 도움을 준다.		
7	나는 농담하기 전에 상대방이 어떤 기분이며 농담을 받아들일 수 있는지를 살핀다.		
8	나는 대화할 때 표정이나 목소리에 신경을 쓰면서 말하는 것이 습관화되었다.		
9	나는 원망과 불평의 말보다는 감동, 기쁨, 성공을 불러오는 말을 잘한다.		
10	나는 듣는 사람이 잘 이해할 수 있도록 말을 쉽게 하는 편이다.		

말의 바른 품성계발과 실행가이드

말의 영향력을 고려하라

사람들은 아침부터 저녁까지 많은 시간 동안 사람들과 만나거나 전화 등을 통해서 말한다. 그들이 들으면서 자연스럽게 의사를 표현하는 말은 그 어떤 것보다도 의사소통과 인간관계 형성을 위한 중요한 역할을 한다. 특별한 경우를 빼놓고는 자신의 생각을 드러낼 수 있는 가장 쉬운 방법이다. 그러나 조금 더 생각해 보면 말은 가장 어렵고 깊은 물 위에 떠 있는 얇은 살얼음판처럼 조심해야 한다.

말은 생각으로부터 나오기 때문에 말하는 모습에서 그 사람의 인격과 도덕성 혹은 능력까지도 보인다. 그리스의 시인 루시안(Lucian)은 "재산을 보호하기보다 말을 보호하기가 더 어렵다"고 했듯이 말 한마디에서 자기 자신에 대한 믿음, 자신감, 각오, 자기 삶에 대한 투철한 정신, 그리고 철학까지도 엿볼 수 있다.

말이 얼마나 어렵고 중요한가를 언급하는 속담도 많다. 여기서 몇 가지 예를 들어보자. "고기는 바늘로 낚고 사람은 말로 낚는다." "말이 씨가 된다." "천 냥 빚도 말 한마디로 갚는다." "말 많은 집은 장맛도 쓰다." "입찬소리는 무덤 앞에 가서 해라." "발 없는 말이 천 리 간다." "가는 말이 고와야 오는 말이 곱다." "낮말은 새가 듣고 밤 말은 쥐가 듣는다."

말에는 여러 가지 능력도 있다. 말은 자신 또는 다른 사람에게 미치는 영향이 어떤 품성 자질보다도 크다. 말은 자신과 다른 사람이 듣고 마음과 생각에 변화를 줄 수 있는 힘을 가지고 있다. 어떤 소리를 듣느냐에 따라 그 마음과 생각이 결정되어 행동하게 된다.

말이 가지고 있는 여러 가지 능력에 대해서 학자들이 분석한 것을 요약해 보면 다음과 같다.

첫째, 의사소통으로 함께 살아가도록 하는 능력이 있다.

인간에게 '말'이라는 것은 모든 인간관계에서 의사소통의 수단으로 서로간의 관계를 맺어주어 함께 살아가는 데 매우 효과적이고 가장 큰 능력이다.

둘째, 말은 행동을 유발하는 견인력이 있다.

나는 작은딸에게 어릴 적부터 "내년에는 잘할 것이다"라는 말을 자주 했다. 작은딸은 "그동안 아빠가 언제나 내년에는 잘할 것이라고 말해 위로받고 용기를 내었고, 유학생활을 하는데 때때로 힘들고 어려웠어도 나를 믿어 주는 부모에 대한 책임감을 느껴 오직 학업에만 열중할 수 있었다"고 했다.

"내년이면 잘 할 것이다"는 말은 "내년에는 지금보다 잘할 수 있다"는 자신감을 갖게 하는 힘을 준 것이다.

"잘할 수 있다"고 외칠 때 자신감이 생기고 놀라운 힘이 발휘되며, 잘할 수 있는 것은 말에 견인력이 있기 때문에 말하는 것이 뇌에 전달되어 행동을 이끌게 한다.

셋째, 말에는 성취력이 있다.

나는 평소 아내에게 "당신은 대물이 될 수 있는 능력을 가지고 있다"고 종종 말했다. 흔히 말하는 대물은 되지 못했어도 아내는 나이가 오십이 다 되어서 사회복지와 관련된 전공을 시작해서 박사과정까지 마치고, 청소년복지지원센터의 소장도 역임했다. 현재 대학 등에서 강의와 상담을 하고 있다. 이러한 아내의 영향을 받아 아내의 주변 사람들도 용기를 갖고 공부를 시작하여 상담전문가가 되었거나 대학에서 강의하는 사람들이 있다.

기업에서 최고경영자의 말은 사원들이 무엇을 어떻게 어느 정도 해야 하는지의 방향을 결정하게 한다. 그가 정말로 기업을 변화시키고자 할 경우 변화를 이루고자 하는 방침을 지속적으로 반복하여 말하면 말에는 성취력이 있어 말대로 실행된다는 것이다.

넷째, 말은 각인력이 있다.

어느 대뇌 학자는 뇌세포의 98퍼센트가 말의 지배를 받는다고 발표한 적이 있다. 그리고 그는 뇌 속의 언어중추신경이 모든 신경계를 지배한다는 것을 증명했다. 자신에게 무심코 하는 말 한마디는 무심결에 뇌로 전달되어 뇌에 도장을 찍어 버리고 이렇게 각인된 말은 다시 척추를 타고 곧 몸 전체로 흘러 퍼진다고 한다.

나는 대책 없이 직장을 떠나서 지금의 컨설팅 일을 하기 전까지 부엌도 없는 달동네에서 온가족이 한동안 지낸 적이 있다. 비가 오면 천장에서 비가 새서 밥도 할 수 없었다. 눅눅해져서 생기는 벌레들은 그 당시 갓 돌을 지난 작은딸을 물어서 온몸이 벌겋게 부어올라 울퉁불퉁해졌다. 방 한 칸에서 네 식구가 함께 살면서 극도로 어려운 상황에 빠졌다.

그렇지만 나는 실망하지 않고 "이제 밑바닥을 쳤으니 더 이상 내려갈 길은 없고 올라갈 길만 있다"는 말을 자주하면서 강의와 번역 등의 여러 가지 일을 닥치는 대로 열심히 했다. 그랬더니 육체적으로 힘은 들지만 신기하게도 정신적으로 안정이 되고 어려웠던 상황도 조금씩 나아지면서 하는 일도 가속이 붙은 것처럼 잘 되어 주방이 있는 다세대 월세 집으로 이사한 후 6개월 만에 아파트 전셋집으로 이사했으며 드디어 아파트도 장만할 수 있었다.

말은 무한한 힘을 가진 인생 최대의 에너지와 능력이 있다. 그럼에도 불구하고 사람들은 말의 힘은 보이지 않기 때문에 그 값어치와 위력을 실감하지 못하는 경우가 많다.

긍정적인 말을 하라

실패인은 항상 "무조건 안 된다"고 말하지만 성공인은 항상 "해보겠다"고 말한다. 말이 씨가 되어 자신의 삶을 결정하기 때문에 힘들고 어려운 일이 있어도 "나는 할 수 있다, 나는 결코 포기하지 않는다"고 말하는 습관이 매우 중요하다. 콩을 심은 데 콩이 나는 것처럼 긍정적인 말을 심으면 긍정적인 환경이 되어 마음속에 긍정적인 인식을 심게 되고, 긍정적인 인식은 긍정적인 행동을 낳고, 긍정적인 행동은 긍정적인 현실을 가져오게 할 수 있다.

미국의 소아과 의사인 카슨 박사는 편모 슬하에서 빈민가의 불량소년, 따돌림 받는 흑인 소년으로 학교 성적도 좋지 않았다. 그러나 그의 어머니는 공부도 못하는 말썽꾸러기 아들에게 "넌 마음만 먹으면 무엇이든지 잘할 수 있어"라고 격려와 용기를 주는 긍정적인 말을 늘 했다고 한다. 결국 그녀의 아들은 신의 손을 가진 명의로 미국 최고의 소아과 의사가 되었다.

부정적인 말을 하지 말라

필자의 경험에 의하면 조직이 변화하는 데 있어서 가장 큰 장애는 "할 수 있는 방법이 없다. 해봤자 안 된다. 이것이 내가 할 수 있는 모두다, 할 수 있는 일이 한정되어 있다. 그 사람이 허락해 주지 않을 것이다. 전문가도 못했는데 네가 할 수 있겠어? 나한테는 그것을 할 시간이 없다. 나에겐 징크스가 있어. 그것이 나를 미치도록 화나게 한다" 등의 부정적인 말을 하는 것이다.

나쁜 음식이 우리 몸을 상하게 만드는 것처럼 부정적인 말은 우리 몸과 정신에 오히려 스트레스와 해를 준다. 부정적인 말이 갖는 더 심각한 문제는 부정적인 말의 결과는 자신의 인생이나 운명에 대한 책임을 상실하고 점차 피해의식을 갖게 되며 스스로에 대한 통제력도 잃는다. 그리고 자신이 처한 상황 및 여건을 다른 사람, 주위 환경 등 외부의 영향력 탓으로 돌린다. 그로 인해 대인관계에 문제를 야기하는 등 성격 장애자와 같은 정신적인 질환을 일으킬 수도 있다.

특히 화가 났을 때도 부정적인 말을 해서는 안 된다. 화가 났다고 누군가에게 짜증을 내면 기분이 풀리기는커녕 점점 더 고약해진다. 예를 들어 위층 아파트에서 소리가 나서 신경이 쓰인다고 해서 "못 참겠어! 저 소리 때문에 미칠 것 같아 정말"이라고 말한다고 해서 마음이 편해지는 것은 아니다. 오히려 참을 수 없는 기분만 더 들뿐이다.

좀 더 좋은 대안은 "소리가 나니 정말 신경이 쓰이네. 주인에게 가서 조용히 하라고 말해야지"라고 말하는 것이 자신에게 취해야 할 행동을 구체적으로 말해 주기 때문에 마음에 평온한 변화를 가져온다. 화가 났을 때 취하는 부정적인 말이 좋은 결과를 이끌어 낸 예는 없다. 하지 않아도 될 싸움만 하게 되어 더 압박감을 갖게 된다.

원망과 불평의 말은 이웃에게 전염되는 악질 전염병과 같아서 나도 망하고 이웃도 망하게 한다. 원망과 불평의 말을 하면 불평과 원망의 환경이 일어나 원망과 불평하는 사람들이 내 곁에 모이고, 내 삶은 원망과 불평의 인생이 된다. 불평하는 사람은 좋은 것을 보지 못하고 나쁜 것만 보고 나쁘게 말을 과장한다. 어떠한 형편에 처하든지 비판의 말, 불평과 원망의 말, 비난의 말, 상처 주는 말은 멈추어야 한다. 동서고금을 막론해서 원망과 불평이나 비판의 말을 하는 사람이 잘 되고 성공한 예는 없다.

칭찬, 배려, 격려의 말을 습관화하라

일찍이 공자는 말할 때 상대의 상황이나 처지에 맞게 각각 다르게 적용하여 말해야 한다고 강조했다. 공자가 가장 먼저 강조한 말의 핵심 중의 핵심은 배려였다. 말하기 전에 상대방의 입장에서 다시 한 번 생각해 보고 자신이 듣고 싶지 않은 말은 남에게도 하지 말라고 했다. 성경에서도 '우리의 모든 힘을 서로 사이 좋게 쓰기로 동의하자. 격려하는 말로 서로 돕자. 잘못을 지적해서 서로를 끌어내리지 말자'라고 가르치고 있다.

삶의 환경이 힘들수록, 시대가 악할수록 가정에서 직장에서 축복의 말, 선한 말, 믿음의 말, 희망을 주는 말, 용기를 주는 말, 사랑의 말, 칭찬하는 말, 진실한 말, 꿈을 심는 말, 부드러운 말, 화해의 말, 향기로운 말을 해야 미래와 희망이 있다.

프랑스 사람들은 사소한 것을 가지고도 '고맙습니다', '미안합니다', '먼저 하세요' 등이 입에 배어 있다. 때와 장소를 가리지 않고 일상생활에서 자연스럽게 나오는 배려와 친절한 말은 그들의 오랜 문화가 되어 습관화되었다.

말은 현실감각을 즉각 반영하고 있기에 현실에 가장 가까운 것으로 남을 칭찬하는 말을 하면 훌륭한 감식력을 지녔다는 평을 들을 것이다. 많은 말 중에 가장 귀하고 아름다운 말은 격려와 찬사의 말이다. 격려와 찬사의 말을 예술이라고까지 한다.

작은 변화에 대한 격려와 찬사를 말하면 받는 사람은 기쁨이 크고 말하는 사람도 기쁨이 남는다. 복잡한 현대사회에서 서로에게 격려와 찬사, 칭찬과 감사하는 말은 세상을 훨씬 밝게 만드는 초석이 될 것이다. 격려와 찬사의 말로는 '잘했다, 고맙다, 예쁘구나, 아름답다, 좋아한다, 사랑한다, 믿는다, 기대된다, 건강하다, 훌륭하다' 등이 있다.

필자는 전에 어떤 현상에 대해서 주변의 사람들에게 칭찬과 격려의 긍정적인 말보다는 비판적이거나 부정적인 말을 하는 편이었다. 세월이 지나면서 그것이 다른 사람들에게 도움보다는 해가 되고 상처가 된다는 사실을 깨닫게 되었다. 세상을 잘 사는 사람은 항상 미소 짓는 얼굴로 긍정적인 격려와 찬사의 말을 아끼지 않는다.

긍정적 자성 예언을 하라

직장에서 성과가 낮거나 업무상 어려움에 처한 사람들에게 긍정적인 자성예언을 나누면 능률이 오르고 결과가 좋아지는 현상을 피그말리온 효과Pygmalion effect라고 한다. 피그말리온 효과는 마음속으로 간절한 기대를 하고 있으면 상대방이 그 기대에 부응해 주는 현상을 말한다. 이 효과는 그리스 신화에서 유래되었다. 그리스 신화의 왕이며 조각가인 피그말리온은 상아로 예쁜 여인의 조각상을 만들어 마음속으로 사랑하면서 이 조각상을 살아 있는 여인으로 변하게 해달라고 간절히 기도했다. 신 아프로디테는 피그말리온의 순수한 마음에 감동을 받아 조각상에 생명을 불어 넣어 주었다는 것이다.

자성예언은 '자기달성적예언Self-Fulfilling Prophecy'의 준말로 말한 대로 이뤄진다는 것이다. 긍정적 자성예언은 자신과 타인을 모두 변화시킬 수 있는 강력한 생명의 언어다. 성경에 "죽고 사는 것은 혀의 권세에 달렸다"라고 교훈하고 있다. 이 구절은 생명과 죽음의 갈림길에 생명의 말도 있고 죽음의 말도 있다는 것이다. 현재의 모습보다는 기대하고 있는 바람직한 모습을 간절한 마음으로 자신뿐만 아니라 상대방에게 "당신은 독보적입니다. 대단하십니다. 그 분야에 전문가와 같은 조예를 가지고 있군요" 등의 생명의 말인 자성예언을 하면 잃었던 자신감을 되찾고 잠재능력도 발휘할 수 있다.

또한 '나는 좋은 사람이다'라고 생각하고, 매일매일 자신에게 "나는 좋은 사람이다" 말을 한다면 반드시 좋은 사람이 될 것이다. 그러나 자신을 경멸하는 "나는 바보야, 나는 과대망상증에 걸렸나 봐, 나한테 신경 쓰지 마, 나는 못해, 사정이 안 좋은 것 같아, 상처를 입을 것 같아" 등의 말들은 일종의 죽음의 언어로 성숙하지 못한 방어기제다. 농담이라도 부정적인 자상예언을 해서는 안 된다. 사람은 생각의 열매와 말의 열매를 먹고 살게 되어 있다.

자신이 처한 환경이나 일이 마음에 들지 않을 수 있다. 또한 함께 일하는 상사나 동료, 혹은 팀원의 역할이나 품성이 기대에 못 미치는 경우가 있다. 그렇다고 문제의 원인을 환경이나 상대방의 탓으로만 돌린다면 문제는 좋아지지 않는다. 조직의 문제 중 90퍼센트는 시스템적이고, 10퍼센트는 사람에 관한 것이다. 하지만 문제해결의 90퍼센트는 10퍼센트인 사람의 변화를 통해서 이루어진다. 상대방을 설득하고 행동에 옮기도록 힘을 발휘하는 기술은 바로 진실이 담긴 긍정적인 자성예언이다.

성찰하고 개선하라

나는 전에 경멸적인 말을 전해 들었을 때 "누가 그랬느냐?"고 반문하면서 화를 낸 적도 있었다. 지금은 화내기보다는 '왜 그런 말을 했을까?' 깊이 생각하곤 한다. 화를 낸다는 것은 말 자체를 중히 여기는 것이 아니라, 말한 사람만을 감정적으로 생각하는 것이다. 오히려 말 자체에 어떤 뜻이 있는지 깊이 생각하고 잘못이 있으면 자신을 성찰하고 변화시켜야 발전의 기회가 될 수 있다.

영향력 있는 누군가가 "넌 참 멍청해"라고 말해도 스스로 그 말이 "사실이 아니다. 내가 좀 실수했지만 다음엔 잘할 수 있어"라고 말하는 것이 좋다. 그리고 누가 "너는 잘하는 것이 없어"라고 말해도 기죽지 말고 오히려 당당하게 "아니다. 이런 말들은 표현이 과장된 것으로 잘못한 거야"라고 무시하면 이러한 경멸적인 말로 자존심이 상하거나 화가 나지 않는다. 오히려 자존감을 높일 수 있는 기회가 될 수 있다.

큰딸이 대학 4학년 때 박사가 될 때까지 공부하겠다고 말하니까 함께 있던 교수님이 그 말을 듣고 여러 학생들이 있는 자리에서 큰딸에게 "너는 더 공부해도 박사학위 받을 능력이 안 된다"고 말했다고 한다. 딸은 그 말을 듣고 "정말 나는 능력이 없는가?"라고 실망했다고 했다. 나는 그 말을 듣고 "교수님이 왜 그랬을까? 한번 생각해보자. 누구나 쉽게 박사가 될 수 없다는 것에 대한 반어적 표현이겠지. 그런데 솔직히 말해서 너는 충분한 능력이 있다. 교수님이 지금

같이 해서는 안 되고 더 열심히 해야 된다는 것을 강조한 것 같으니 실망하지 마"라고 자신감을 갖게 했다.

깊이 생각하고 말하라

부담 없이 자연스럽게 말을 잘하는 사람을 보면 "어떻게 저렇게 말을 잘할 수 있을까" 하고 부러울 때가 종종 있다. 그런데 생각이 말의 속도를 따라가지 못해서 혀가 먼저 돌아가 말을 내뱉으면 모든 관계에서 손해가 온다.

나는 어려서 말을 늦게 시작했고 더듬기까지 했다. 초, 중, 고등학생 시절에도 선생님이 질문하거나 책을 읽게 하거나 발표를 시키면 긴장하여 더듬기까지 하는 어려움을 겪었다. 그로 인해서 스트레스를 많이 받아 우울해하고 고민했다. 오랜만에 만난 고등학교 친구는 고등학교 시절의 나를 생각하면서 "네가 강의를 할 수 있다니 엄청난 잘못된 변화야. 놀랍다"라고 농담했다.

대학을 다닐 때까지 나는 현재의 직업을 가질 것이라고 전혀 생각하지 못했다. 그만큼 여러 사람 앞에서 말하는 것이 어렵고 부담스러웠기 때문이다. 작은딸도 어렸을 때 말을 늦게 했고 말하기를 어려워했다. 나를 닮아서 그런가 싶었다. 작은딸은 '무슨 말을 어떻게 해야 할까' 생각하느라고 말을 쉽게 할 수 없었다고 한다.

사람은 자신이 마음에 품은 것을 말하게 되므로 말하기 전에 신중히 생각하고 좋은 생각을 많이 품어야 상황에 합당한 말, 축복의 말, 지혜롭고 유익한 말, 사람을 살리는 말, 은혜로운 말을 할 수 있다. 성경에도 "말하기 전에 깊이 생각하고 말을 적게 하고 좋은 말, 은혜로운 말, 덕이 되는 말을 하며 사랑을 담아 진실하고 친절하게 말하라"고 교훈하고 있다. 깊게 생각하고 말하지 않으면 말하는 대로 생각하게 되어 말실수를 할 수 있다.

말의 중요성은 아무리 강조해도 지나침이 없다. 명심보감에는 "입과 혀는 화와 근심을 불러들이는 문이고 몸을 망치는 도끼와 같다"고 경고하고 있다. 성경에서도 "큰 배가 키에 따라 움직이듯이 인생도 말에 따라 방향이 달라진다", "내 입으로 한 말로 인하여 스스로 묶이기도 하며 내 입의 말로 스스로가 사로잡힘을 받는다"고 말조심에 대해 교훈하고 있다. 입에서 나간 말은 다른 사람에게 영향을 미칠 뿐만 아니라 결국에 다시 나에게 돌아와 자신에게도 동일한 영향을 미치기 때문에 대단히 중요하다.

화종구생(禍從口生)이란 말이 있다. 화는 말을 삼가지 아니하는 데서 생긴다는 뜻으로 말을 조심해서 하라는 것이다. 가끔 자신의 마음과 달리 말로 인해 주변의 오해를 불러일으키는 일도 있다. 실제로 주위에는 말 한마디로 곤경에 빠지고 공든 탑이 무너지는 사례가 종종 있다.

말을 조심스럽게 하지 않음으로서 발생되는 영향으로는 첫째, 잘난 체하는 말을 하여 자신의 강점을 과시하면 화를 부른다. 둘째, 말이 거칠고 과격한 말을 많이 하는 사람은 부드럽고 편안한 삶을 누리지 못한다. 셋째, 다른 사람을 무시하는 말을 많이 하는 사람은 존경받고 살지 못한다.

가능하면 말을 절제하고 적게 하는 것이 훨씬 지혜롭다. "두부 먹다 이 빠진다"는 속담은 마음 놓는 데서 실수가 생기는 것이니 항상 조심하라는 것이다. 말로써 실수하지 않기 위해서도 말을 항상 아끼며 사는 지혜로움이 요구된다. 말에 대한 중요성과 무서움을 동시에 알고 환경과 운명을 탓하기 전에 먼저 말부터 신중하게 생각하고 잘하는 습관을 갖도록 해야 한다. '오늘도 차 조심해라'는 말보다는 '오늘도 말조심해라'는 말로 하루를 시작하자. 차보다 말이 더 위험하다.

듣는 사람이 이해할 수 있도록 하라

인간의 이해력은 개개인의 수준과 과거 경험에 따라 분명한 차이를 보인다. 그리고 인간의 한계성은 신체적으로 피로하거나, 정신적으로 신경이 날카로워지면 공격적으로 되는 경향이 있기에 말이 진실할지라도 말의 정황에 따라 상대방이 말을 완전하게 이해하지 못하면 오해할 수 있고, 그로 인해 갈등을 일으킬 수 있기 때문에 중요한 말은 말한 것을 듣는 사람이 분명히 이해했는지 확인할 필요가 있다.

나는 강의하기 전에 수강생의 나이, 직위, 경력, 학력 등 여러 가지 측면에서 입체적으로 정보를 수집하고 거기에 맞게 준비하려고 노력한다. 전에 대기업의 전자사업장의 현장 중견사원들에게 공장 자동화와 생산성에 대한 강의를 해서 매우 좋은 평가를 받았다.

그런데 같은 내용의 강의를 다른 대기업의 중공업 현장 중견사원들에게 같은 수준으로 강의했지만 정반대의 평가를 받은 적이 있었다. 같은 수준의 대기업의 사원들이라도 사업장에 따라서 강의 수준을 달리하지 않으면 강의 성과가 반감될 수 있음을 경험을 통해서 잘 알고 있다.

상대를 잘 이해시키기 위해서는 말하기 쉽게 하지 말고 알아듣기 쉽게 하도록 해야 하는데, 듣는 사람이 이해를 할 수 있도록 말하기란 쉽지 않다. 그런데 아무리 멋진 강의와 말이라도 상대가 이해하지 못하고 지루해하거나 듣기 싫어하면 침묵하는 것보다 못하다. 강의뿐만 아니라 컨설팅을 할 때도 마찬가지다. 컨설팅을 시작할 때 가장 힘든 것은 서로 협력의 단계로 나아가기 위해 필수적으로 설득력 있게 말하며 반응을 구하는 것이다. 이럴 때 조심스럽게 생각하고 말할 때를 잘 선택하여 듣는 사람이 바르게 이해할 수 있도록 하려면 등에서 식은땀이 날 때가 있다.

1. 말하는 모습에서 그 사람의 인격과 도덕성 또는 능력까지도 볼 수 있다.

2. 사람의 입에서 어떤 말이 나오는가가 그 사람의 운명을 결정할 수 있다.

3. 말은 마음과 생각에 변화를 줄 수 있는 각인력, 견인력, 성취력이 있다.

4. 거칠고 부정적인 말을 하면 남도 해치고 자신도 잘 살 수 없다.

5. 긍정적 자성예언은 자신과 타인을 모두 변화시킬 수 있다.

6. 말을 곱게 듣기 좋게 하는 사람은 남을 돕고 살리는 사람이 된다.

7. 부정적인 말의 결과는 자신의 인생에 대한 책임을 상실하고 피해의식을 갖게 한다.

8. 대화는 내용보다는 표정이나 목소리가 더 비중을 차지한다.

9. 많은 말 중에 가장 귀하고 아름다운 말은 격려와 찬사의 말이다.

10. 긍정적인 말은 긍정적인 현실을 가져오게 할 수 있다.

품성, 아무도 보지 않을 때 갖는 태도

지금까지 이 글을 읽는 독자는 삶에 기본이 되는 15가지 품성자질−감사·기쁨·열심·정리정돈·경계심·순종·충성·성실함·진실성·신중함·분별력·경청·칭찬·생각·말−에 대해서 이미 알고 있는 것과 비교하면서 읽었을 것이다. 독자의 품성 수준은 어느 정도이고 품성계발에 공감했으며 용기를 얻었는지? 아니면 바른 품성을 머리로는 이해했는데, 막상 그대로 계발하고 실행하려니 현실과 거리가 좀 있어서 곤란하다는 생각이 들지는 않았는지? '지금 이대로도 만족해서 더 이상 품성을 계발하고 변화하는 것이 큰 의미가 없다'고 생각한 독자도 있을 것이다. 그런데 이 책을 읽는 순간 독자는 품성이 계발되었을 것이다.

평소 독자는 성실하고 진실해서 믿을 만하고, 말하기보다는 경청을 잘하고, 순종하고 충성스러우며, 생각이 깊고 신중하며 분별력이 있고, 어려운 상황에서도 기쁨을 발견하고 감사하며 가치 있는 일을 열심히 하고 항상 긍정적 태도를 지니길 의식적으로나 무의식적으로 원했을 것이다. 그리고 남에게 인정받고, 호감 받는 사람으로 함께 일하기 좋은 사람이 되었으면 했을 것이다.

미국의 한 학자가 '행복이란 무엇일까?' 알파벳으로 풀어보았다. 돈money, 권력power, 지식knowledge을 풀어보았지만, 행복지수가 100점에 도달하지 못했다. 100점에 도달할 수 있는 단어는 1,500개가 되지만, 그중에 태도attitude라는 단어가 매우 중요하다고 하였다.

• 돈money: 경제적으로 풍부하고 원하는 목표를 달성하는 것이 성공적인 삶의 목적인 것처럼 생각하지만, 그것만이 성공적인 삶은 아니다. 일시적인 기쁨만 있을 뿐이다. 국민소득이 높아져서 잘 먹고 잘 입게 되어도 가정, 직장, 사회에 거짓이 만연하고 진실이 통하지 않으면 모든 것이 허사이고 희망이 없다. 물질적으로 부족하지만 순전하고 개인적인 책임을 유지하는 정의가 살아있을 때 희망이 있고 행복이 있다. 그렇게 하기 위해서는 진실하고 깨끗하며 성실한 태도가 필수적이다.

• 권력power: 우리나라 대통령들처럼 많은 권력을 가진 사람들이 어디에 있는가? 그러나 그분들의 끝은 어떻게 되었는가? 그분들은 열심히 일했다. 하지만 국민의 말을 경청하고 국민이 있기에 자신이 대통령일 수가 있다는 감사함이 있었다면 존경받지 않았을까? 그리고 분별력이 있고 투명하고 깨끗하고 진실되며 충성하는 신중한 태도를 지녔다면 퇴임 후에 존경받고 평안하지 않았을까?

• 지식^{knowledge}: 그래도 다른 것보다는 행복지수가 높은 점수를 가진다. 인간은 배우면 배울수록 복잡하고 까다롭고 이기적이 된다. 그렇다고 지식이 없다면 그 또한 다른 사람에게 해가 될 수도 있다. 높은 지식은 올바르게 사용하는 태도를 지녔을 때 덕이 되고 행복할 수 있다.

품성은 아무도 보지 않을 때 갖는 태도로 가정과 직장, 사회에서 적용해야 하는 핵심 가치다. 바른 품성은 다른 사람을 배려하고 성취를 이루며 행복한 삶을 살게 하는 기초공사로 성공을 결정짓는다. 품성계발은 변화를 이끌고, 신뢰와 가치를 높임으로써 독자가 추구하고 싶은 성공과 삶의 질을 높이는 가장 좋은 해답을 찾을 수 있게 한다.